Verrückt nach

cake pops

Leckere Rezepte – lustige Motive – neue Dekoideen

Sandra Müller

impressum & danksagung

impressum

ISBN 978-3-7750-0626-2

© 2011, Walter Hädecke Verlag,
Weil der Stadt
www.haedecke-verlag.de

4 3 | 2014 2013

Lektorat: Monika Graff
Konzeption, Fotos und Gestaltung:
Sandra Müller
Rezepte: Rita & Sandra Müller
Reproduktion: LUP AG, Köln
Druck: Offizin Anderson Nexö GmbH, Leipzig

Printed in Germany 2013

danksagung

Dieses Buch ist all denen gewidmet, die
immer an uns geglaubt und uns unterstützt
haben.
Danke all den Menschen, die keine unserer
verrückten Ideen verurteilt haben, sondern
uns noch bestärkt und motiviert haben, sie
umzusetzen.

Sandra & Rita Müller

inhaltsverzeichnis

cakepops: was ist das denn?

Ein neuer Kuchentrend rollt in rasender Geschwindigkeit in unsere Küchen: Cakepops, zu deutsch „Kuchen-Lollis" oder „Minikuchen am Stiel".

Er verzaubert nicht nur die Gaumen all seiner großen und kleinen Fans, er bringt auch was fürs Auge mit, bietet eine Vielzahl an Möglichkeiten und einen neuen, kreativen Wind in unsere Backstuben.

Gugelhupf- und Springformen nehmen vorerst in den hinteren Schrankreihen Platz. Das neue Motto heißt: Jetzt wird gekugelt!

und so funktioniert's!
Rührteigkuchen zerbröseln, mit Frosting, Aroma etc. verfeinern, zu einer Kugel formen, aufspießen, in Glasur tauchen, dekorieren und dann servieren.

Die tollen Kuchen-Lollis kann man einfach immer und überall essen, ihre Einsatzmöglichkeiten sind riesig und ihre Fangemeinde wächst täglich.

info: spießt man die kugel nicht auf, sondern vernascht sie einfach so, heißen die süßen leckereien cakeballs.

einleitung

Unser Herz haben die süßen Minikuchen am Stil sofort erobert. Da es so schwer war, Zubehör, süße Dekors und Accessoires in Deutschland zu finden, haben wir kurzerhand einen eigenen Cakepops-Online-Shop (www.cake-pops.de) eröffnet. Dort finden Sie alles, was Sie zum gelungenen Cakepops-Versuch benötigen.

Wir haben über die Zeit viele Cakepops ausprobiert, neue entwickelt und unsere Produkte immer wieder getestet, die Meinungen unserer Kunden ausgewertet und ihre Fragen beantwortet. All das war Anlass und Inspiration genug für dieses Buch.

Unser Knowhow möchten wir auf den kommenden Seiten mit Ihnen teilen. Denn die englischen und US-amerikanischen Bücher basieren oft auf Fertigmischungen und bei der Umrechnung der Mengenangaben passieren immer wieder Fehler.

Unser Cakepops-Konzept ist neu, unsere Rezepte sind alle hausgemacht, pfiffig, witzig, ausgefallen und untereinander kombinierbar – und nicht so süß wie ihre englischen oder US-amerikanischen Vorbilder. Da die Glasuren an sich schon sehr süß sind, haben wir insgesamt den Zucker reduziert und dafür mehr mit Aromen gearbeitet.

Unser Buch soll Ihnen richtig Lust auf Cakepops machen! Wir wünschen Ihnen viel Freude beim Vernaschen und beim Ausprobieren der vielen Möglichkeiten, die Kuchen-Lollis noch kreativer und witziger zu präsentieren.

Sandra & Rita Müller

herstellung schritt für schritt

bilder 1 & 2
Den ausgekühlten Rührkuchen (am besten vom Vortag, Grundrezepte Seite 10 f.) in Stücke schneiden und zu feinen Krümeln zerbröseln. Harte Ränder nicht verwenden.

tipp: leichter geht's, wenn sie zwei kuchenstücke gegeneinander verreiben.

bilder 3 & 4
Frosting (Rezepte Seite 12 f.) untermischen und gut mit den Kuchenbröseln vermengen. Nur so viel Frosting verwenden, bis eine klebrige Masse entsteht.

tipp: sie können die masse auch mit einem elektrischen rührgerät auf kleinster stufe oder mithilfe eines teigmischers vermengen.

bild 5
Mit den Händen Kugeln mit einem Durchmesser von ca. 3–4 cm formen.

tipp: um später gleichgroße kugeln zu bekommen, können sie die masse abwiegen. für kleinere kugeln verwenden sie 25 g masse, für eine etwas größere bis 30 g.

bild 6
Die Glasurlinsen im Wasserbad langsam und mit wenig Hitze schmelzen. Um die Glasur einzufärben oder sie mit Aroma zu versehen, verwenden Sie bitte nur auf Öl basierende Zutaten.

bild 7
Kugeln für ca. 15 Minuten in das Eisfach oder ca. 60 Minuten in den Kühlschrank stellen.
Alles für die Dekoration zurechtlegen.

bild 8
Die Lollipop-Sticks ca. 2 cm in die Glasur tauchen …,

bild 9
… dann in eine Kuchenkugel stecken. Kurz abwarten und dann den Minikuchen am Stiel in die Glasur tauchen und vollständig damit überziehen.

bild 10
Überschüssige Glasur durch leichtes Schütteln und Drehen abtropfen lassen, danach mit Phantasie nach Herzenslust dekorieren. Die Cakepops zum Trocknen in eine Styroporplatte oder Dekohilfe stecken.

tipp: feine streusel, glitzer-flakes, konfetti oder ähnliches zum dekorieren aufbringen, solange die glasur noch feucht ist, aber nicht mehr tropft.

abkürzungen & maße
g = Gramm
EL = Esslöffel
TL = Teelöffel
gestr. = gestrichen

formen & möglichkeiten

basic-cakepops
Die runde Kuchenkugel.

basic-cakepops kombinieren
Die runde Kuchenkugel wird mit einer Form oder weiterer Kugel kombiniert. So entsteht ein ganz neues Objekt.

cakepops in form
Statt eine Kugel zu formen, wird die Kuchen-Frosting-Masse zu einem rechteckigen Block geformt. Mit Ausstechern nach Wahl ausstechen und ebenfalls in den Gefrierschrank oder Kühlschrank stellen. Weiterverarbeitung und Dekoration erfolgt wie bei den runden Cakepops.

gebackene cakepops
Für diese Variante gibt es Backformen. Diese mit Rührteig füllen, einen backofen-geeigneten Lollipop-Stick vor dem Backen platzieren und ab in den vorgeheizten Ofen. Verzierung und Glasur erfolgt wie bei den runden Cakepops.

geformte cakepops
Hier wird die Kuchen-Frosting-Masse geformt. Accessoires werden schon vorab angepasst und nochmals entfernt. Vor der weiteren Verarbeitung erneut kurz in Gefrier- oder Kühl-schrank stellen und dann wie oben weiter-verfahren.

Pr = Prise
cm = Zentimeter
Pck = Päckchen
mm = Millimeter

rührkuchen-grundrezepte

sandkuchen

100 g	Butter
20–40 g	Zucker
2	Eier
1 Pr	Salz
½ Pck	Vanillezucker
200 g	Weizenmehl, Type 405
2 gestr. TL	Backpulver
ca. 4 EL	Milch

Den Backofen auf 175 °C vorheizen.

Die Butter mit dem Zucker schaumig rühren, bis sich der Zucker aufgelöst hat und eine weiß-schaumige Masse entsteht. Nacheinander die Eier, Salz und den Vanillezucker einrühren.

Das Mehl mit dem Backpulver vermischen und durchgesiebt unter die Teigmasse rühren. Nach Bedarf bis zu 4 EL Milch unterrühren; der Teig sollte schwer vom Löffel fallen.

Eine Kasten- oder Kuchenform (ca. 30 cm lang bzw. 20 cm Durchmesser) einfetten oder mit Anti-Haft-Backspray einsprühen.

Den Teig einfüllen und im vorgeheizten Backofen auf der mittleren Schiene 30–35 Minuten backen. Machen Sie die Stäbchenprobe: Bleibt an einem Holzstäbchen, das Sie in den Kuchen stechen, nichts mehr kleben, dann ist der Kuchen fertig.

zitronenkuchen

Bei den Zutaten die 4 EL Milch durch 4 EL frischen Zitronensaft ersetzen und den Teig mit dem Schalenabrieb einer unbehandelten Bio-Zitrone aromatisieren.

orangenkuchen

Bei den Zutaten die 4 EL Milch durch 4 EL frischen Orangensaft ersetzen und den Teig mit dem Schalenabrieb einer unbehandelten Bio-Orange aromatisieren.

eierlikörkuchen

Bei den Zutaten die 4 EL Milch durch 4 EL Eierlikör ersetzen.

alle grundteige ergeben ca. 25 cakepops-kugeln à 25 g.

nusskuchen

100 g	Butter
20–40 g	Zucker
2	Eier
1 Pr	Salz
½ Pck	Vanillezucker
40 g	Haselnüsse oder Mandeln, gemahlen
150 g	Weizenmehl, Type 405
2 gestr. TL	Backpulver
ca. 1–2 EL	Milch

Den Backofen auf 175 °C vorheizen.

Die Butter mit dem Zucker schaumig rühren, bis sich der Zucker aufgelöst hat und eine weiß-schaumige Masse entsteht. Nacheinander die Eier, Salz und den Vanillezucker einrühren.

Mandeln oder Nüsse unterrühren. Mehl mit dem Backpulver vermengen und durchgesiebt unter die Teigmasse mischen. Nach Bedarf bis zu 4 EL Milch unterrühren; der Teig sollte schwer vom Löffel fallen.

Eine Kasten- oder Kuch+enform (ca. 30 cm lang bzw. 20 cm Durchmesser) einfetten oder mit Anti-Haft-Backspray einsprühen.

Den Teig einfüllen und im vorgeheizten Backofen auf der mittleren Schiene 30–35 Minuten backen (Stäbchenprobe, siehe Seite 10).

schokokuchen

100 g	Butter
40 g	Zucker
2	Eier
1 Pr	Salz
½ Pck	Vanillezucker
180 g	Weizenmehl, Type 405
20 g	Kakaopulver
2 gestr. TL	Backpulver
ca. 4 EL	Milch

Den Backofen auf 175 °C vorheizen.

Die Butter mit dem Zucker schaumig rühren, bis sich der Zucker aufgelöst hat und eine weiß-schaumige Masse entsteht. Nacheinander die Eier, Salz und den Vanillezucker einrühren.

Mehl mit Kakao und dem Backpulver vermengen und durchgesiebt unter die Teigmasse rühren. Nach Bedarf bis zu 4 EL Milch zugeben.
Wie nebenstehend beschrieben weiterverfahren.

tipp: backen sie den rührkuchen in einer muffinsform (backzeit auf 20–25 minuten reduzieren) so können sie den kuchen schneller verarbeiten.

frosting-grundrezepte

Frosting beschreibt im Englischen jene Massen, die für Überzug oder Glasur verwendet werden können. Bei den bekannten Cupcakes ist das Frosting beispielsweise die Creme auf den Törtchen, bei den Cakepops hingegen ist das genau die Masse, die mit dem zerkrümelten Kuchen vermischt wird, ihm das entsprechende Aroma verleiht und das Ganze formbar und geschmeidig macht.

vanille-frosting

60 g	Butter, zimmerwarm
120 g	Puderzucker
1 TL	Vanillezucker
1–2 EL	Milch

Butter mit dem elektrischen Rührgerät sehr schaumig rühren. Puderzucker mit dem Vanillezucker mischen und durchgesiebt unterrühren, bis eine schaumig-cremige Masse entsteht.
Bei Bedarf etwas Milch zugeben.

frischkäse-frosting

30 g	Butter, zimmerwarm
70 g	Frischkäse (auch fettreduzierte Sorten sind verwendbar)
85 g	Puderzucker
1 TL	Vanillezucker

Butter und Frischkäse mit dem elektrischen Rührgerät sehr schaumig rühren. Puderzucker mit dem Vanillezucker mischen und durchgesiebt unterrühren, bis eine schaumig-cremige Masse entsteht.
Bei Bedarf etwas Milch zugeben.

schoko-frosting

60 g	Butter, zimmerwarm
120 g	Puderzucker
20 g	Kakaopulver
1 TL	Vanillezucker
1–2 EL	Milch

Butter mit dem elektrischen Rührgerät sehr schaumig rühren. Puderzucker mit Kakao und dem Vanillezucker mischen und durchgesiebt unterrühren, bis eine schaumig-cremige Masse entsteht.
Bei Bedarf etwas Milch zugeben.

info: die frosting-rezepte können sie auch für ihre cupcakes verwenden.

frosting-variationen

schoko-frosting für kinder
Beim Frischkäse-Frosting den Frischkäse zur Hälfte durch Nuss-Schoko-Creme ersetzen.

zitronen-frosting für kinder
Beim Frischkäse-Frosting die Milch durch 1–2 EL frischen Zitronensaft ersetzen.

orangen-frosting für kinder
Beim Frischkäse-Frosting die Milch durch 1–2 EL frischen Orangensaft ersetzen oder in die Masse ein bis zwei Tropfen natürliches Orangenaroma untermischen.

rotes frucht-frosting für kinder
Beim Vanille-Frosting die Masse mit Himbeer-, Kirsch- oder Erdbeeraroma versehen.

rotes frucht-frosting für kinder
Beim Frischkäse-Frosting den Frischkäse durch Fruchtquark ersetzen.

frosting für erwachsene
Statt Milch in den Frostingrezepten Alkohol (Rum, Rotwein usw.) verwenden.

tiramisù-frosting
Beim Frischkäse-Frosting den Frischkäse durch Mascarpone ersetzen und der Masse 1–2 EL starken Espresso hinzufügen.

amaretto-frosting für erwachsene
Beim Vanille-Frosting die Milch durch 1–2 TL Amaretto ersetzen.

eierlikör-frosting für erwachsene
Beim Vanille-Frosting die Milch durch 1–2 TL Eierlikör ersetzen.

zitronen-frosting für erwachsene
Beim Frischkäse-Frosting die Milch durch 1–2 TL Zitronenlikör (z. B. Limoncello) und etwas abgeriebene Schale einer unbehandelten Bio-Zitrone ersetzen.

orangen-frosting für erwachsene
Beim Frischkäse-Frosting die Milch durch 1–2 TL Orangenlikör (z. B. Grand Marnier oder Cointreau) und etwas abgeriebene Schale einer unbehandelten Bio-Orange ersetzen.

vanille-frosting
Statt Vanillezucker kann auch natürlicher Vanilleextrakt verwendet werden, allerdings dann in deutlich geringerer Dosierung, da er intensiver schmeckt.

jedes frosting-rezept ist ausreichend für ein rührkuchen-grundrezept, das ca. 25 cakepops ergibt.

glasur

glasurlinsen (schmelzdrops) sind die wichtigste dekozutat für die cakepops. sie werden auch candymelts, candy coating oder candy wafers genannt.

Die Kuchenkugeln werden in die geschmolzenen Glasurlinsen getaucht und damit überzogen. Das macht das Ganze fester und es lässt sich leichter darauf dekorieren. Glasurlinsen gibt es in vielen Farben und Geschmacksrichtungen.

anwendungs-tipps

- Glasurlinsen im Wasserbad langsam und mit wenig Hitze schmelzen. Das geht auch in der Mikrowelle: Auf ca. 90 Watt einstellen, beginnend bei 2 Minuten. Dann die Glasurlinsen umrühren und den Vorgang so oft wiederholen bis die Linsen vollständig geschmolzen sind.

- Benutzen Sie ein schmales, hohes Gefäß. In der Mikrowelle können die Glasurlinsen in einer mikrowellengeeigneten, hitzebeständigen Dose geschmolzen werden, in der Reste gleich aufbewahrt werden können.

- Unbedingt eine Überhitzung und den Kontakt mit Wasser vermeiden. Sonst wird die Glasur grießelig oder hart und ist dann nicht mehr zu verwenden.

- Wenn Sie die Glasur einfärben, die Farbe intensivieren oder ihr Aroma hinzufügen möchten, verwenden Sie dafür bitte nur auf Öl basierende Produkte.

- Sollten Sie Glasur übrig haben, können Sie diese aufbewahren und erneut schmelzen.

- Falls die Kuchenoberfläche nach dem Überziehen noch durchschimmert, z. B. bei dunklen Kakaokugeln mit heller Glasur, die Kugeln einfach ein zweites Mal hineintauchen.

- Je nach Farbe der Linsen ist die Konsistenz unterschiedlich. Ab besten eignet sich weiches Kokosfett, um die Glasur geschmeidiger zu machen.

- Um farbige Glasurlinsen aufzuhellen oder pastelliger zu machen, einfach mit hellweißen Glasurlinsen mischen.
Farben können auch durch Mischen erzeugt werden, z. B. statt lila Glasurlinsen verwenden Sie einfach dunkelblaue und rote im Verhältnis 1 : 2.

- Glasurlinsen trocken und kühl, jedoch nicht im Kühlschrank oder Gefrierfach aufbewahren.

tipp: schmelzen sie die glasur nicht auf einmal! durch die linsenform ist eine dosierung gut möglich.

dekoration & süße accessoires

So richtig viel Spaß macht es, die Cakepops zu dekorieren und zu verzieren. Es gibt inzwischen eine Menge toller Produkte.

Zuckerperlen, Streuselkügelchen, Streudekor, Zuckerdekor, Streuselstifte, Essoblaten, essbare Glitzersterne, Glitzerpulver und -zucker, Zuckeraugen etc.

tipp: oft finden sie in bunten nasch- oder keksmischungen teile, die sie für ihre dekoration benötigen.

Es ist Ihrer Phantasie überlassen, was Sie daraus zaubern und wie Sie die einzelnen Produkte miteinander kombinieren.

Sie können Ihre Cakepops farblich zum Thema Ihres Festes oder zur Tischdeko abstimmen – es ist fast alles möglich!

rezept-kombinationen

seite 25: engelchen
seite 71: rosen-cakepops
Sandkuchen-Grundrezept (Seite 10) mit
Vanille-Frosting (Seite 12).

seite 30: babys
seite 42: sonnenblumen
Zitronenkuchen-Grundrezept (Seite 10) mit
Zitronen-Frosting für Kinder (Seite 13).

seite 47: flower-power-cakepops
Schokokuchen-Grundrezept (Seite 11) mit
einer der Vanille Frosting-Variationen
(Seite 13) und Glasurlinsen, die mit etwas
Bananenaroma versehen werden.

seite 39: blaue haie
seite 41: bunnys
Nusskuchen-Grundrezept (Seite 11) mit
Schoko-Frosting für Kinder (Seite 13).

seite 68: cakeballs-sixpack
Eierlikörkuchen (Seite 10) mit Eierlikör-
Frosting für Erwachsene (Seite 13).

seite 27: teufelchen
seite 28: spinnen
Schokokuchen-Grundrezept (Seite 11) mit
Schoko-Frosting für Kinder (Seite 13) oder
für Erwachsene mit einer Prise Chilipulver
unter dem Schoko-Frosting.

tipp: die rezept-kombinationen sollen als
anregung dienen. mischen sie ganz nach
ihrem geschmack und kombinieren sie, was
ihnen am besten gefällt.

in der übersicht

seite 79: valentins cakepops
Schokokuchen-Grundrezept (Seite 11) mit
abgewandeltem Schoko-Frosting (Seite12),
bei dem die Milch durch Kirschlikör oder
etwas Kirschmarmelade ersetzt wird.

seite 86: tiramisù-cakepops
Sandkuchen-Grundrezept (Seite 10) mit
Tiramisù-Frosting (Seite 13).

seite 88: amaretti-cakepops
Nusskuchen-Grundrezept (Seite 11) mit
Amaretto-Frosting für Erwachsene (Seite 13).

seite 58: urlaubs-cakepops
Sandkuchen-Grundrezept (Seite 10) mit
abgewandeltem Frischkäse-Frosting (Seite
12), bei dem die Milch durch Piña-Colada-
Aroma oder einer Mischung aus Ananassaft,
Kokosmilch und Rum ersetzt wird.

seite 50: tussis
seite 77: brautstrauß
Sandkuchen-Grundrezept (Seite 10) mit
Orangen-Frosting für Kinder (Seite 13) oder
für Erwachsene (Seite 13).

seite 80: weihnachts-cakepops
Nusskuchen-Grundrezept (Seite 11) mit
Vanille-Frosting (Seite 12), dass Sie noch mit
etwas Zimt oder Zimtaroma würzen können.

rezept-kombinationen

seite 44: oktoberfest-cakepops
Dem Rührteig (Seite 44) noch 2 TL Leb-
kuchengewürz hinzufügen.

seite 90: rumkugeln
Schokokuchen-Grundrezept (11) mit Schoko-Frosting für Kinder (Seite 12), für Erwachsene die Milch durch Rum ersetzen.

seite 49: strandbikini-cakepops
seite 80: weihnachts-cakepops
Nusskuchen-Grundrezept (Seite 11) mit
Vanille-Frosting (Seite 12), dem noch etwas
Mandelaroma hinzugefügt wurde.

seite 33: clowns
seite 36: ballerina-cakepops
Sandkuchen-Grundrezept (Seite 10) mit
rotem Frucht-Frosting (Seite13).

seite 66: bunte cakepops-tüten
seite 52: dr. sommer
Zitronenkuchen-Grundrezept (Seite 10) mit
Zitronen-Frosting für Kinder (Seite 13).

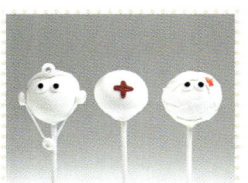

seite 63: asia-cakepops
Orangenkuchen-Grundrezept (Seite 10)
mit Orangen-Frosting für Kinder (Seite 13)
oder für Erwachsene mit 2–3 Messerspitzen
frisch geriebenem Ingwer.
Schmeckt scharf, aber lecker.

in der übersicht

seite 60: cakeballs ei, ei, ei
Sandkuchen-Grundrezept (Seite 10) mit
Eierlikör-Frosting für Erwachsene (Seite 13).

seite 93: minz-cakepops
Sandkuchen-Grundrezept (Seite 10) mit
Vanille-Frosting (Seite 12), dem noch grüne
Lebensmittelfarbe hinzugefügt wurde. Wer
es besonders minzig liebt, ersetzt die Milch
im Frosting durch Minzlikör oder Minzaroma.

seite 75: hochzeits-cakepops
seite 82: silvester-cakepops
Sandkuchen-Grundrezept (Seite 10) mit
Vanille-Frosting (Seite 12) und Glasurlinsen,
die mit etwas Champagner-Aroma versehen werden.

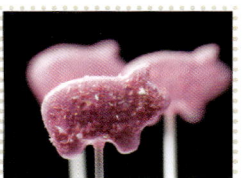

seite 54: die 7 cakeballs-zwerge
Sandkuchen-Grundrezept (Seite 10) mit
Zwerge-Frosting für Kinder (Seite 13).

seite 64: sterntaler-cakeballs
seite 34: flatter-cakepops
Schokokuchen-Grundrezept (Seite 11) mit
Vanille-Frosting (Seite 12).

seite 88: amaretti-cakepops
Sandkuchen-Grundrezept (Seite 10) mit
Amaretto-Frosting (Seite 13).

lustige cakepops

engelchen

material
- Cakepops-Kugeln (Grund-rezepte Seite 10–13)
- Glasurlinsen: hellweiß, schwarz (Mund und Augen), pink (Wangen), hellblau (Augen)
- Glitzerpulver: Sternenstaub, comet white
- Mini-Streudekor: gemischte Herzchen
- Dekor-Oblaten: Herzen
- Isomaltsticks: transparent
- Lollipop-Sticks
- feiner Pinsel
- Back-Pinzette
- Styroporplatte oder Deko-Hilfe

vorbereitung
2–3 Isomaltsticks in einem Topf auf dem Herd bei mittlerer Hitze langsam schmelzen lassen. Alternativ in einem mikrowellen-geeigneten Gefäß für ca. 15 Sekunden bei ca. 90 Watt in der Mikrowelle.
Die flüssige Masse etwas abkühlen lassen, bis sie anfängt zähflüssig zu werden. Dann die Masse vorsichtig um einen dickeren Holzstiel oder ähnliches wickeln und so zur Spirale drehen. Die Zuckerobjekte vorsichtig beiseite legen. Isomaltspiralen erfordern zwar etwas Übung, aber es lohnt sich!

dekoration
Weiße Glasurlinsen wie auf Seite 14 be-schrieben schmelzen.
Die fertig vorbereiteten Cakepops-Kugeln aus dem Kühl- oder Gefrierschrank nehmen und wie in der Anleitung auf Seite 6 und 7 beschrieben auf einen Stick stecken und in die weiße Glasur tauchen.

Wenn die Glasur auf dem Cakepop nicht mehr allzu sehr tropft und fest zu werden beginnt, als Erstes sehr vorsichtig die Zucker-spirale auflegen. Danach die beiden wei-ßen Oblaten-Herzchen seitlich anstecken, wobei die Herzspitze nach hinten zeigt. Nicht zu sehr drücken, da die Kuchenkugel sonst brechen kann. Bei Bedarf nochmals leicht nachkorrigieren und halten, bis die Glasur fester ist und die Herzen von alleine halten.

Diese Arbeitsschritte erfordern etwas Schnel-ligkeit. Danach die Cakepops beiseite stel-len und trocknen lassen. In der Zwischenzeit alle restlichen Glasurlinsen nach Farbe getrennt schmelzen (Anleitung Seite 14).

Die getrockneten Cakepops oben mit etwas Glitzerpulver bestäuben, auch zwischen die Zuckerspirale. Was zu viel ist, vorsichtig wegpusten.

Zuerst das eine, dann das andere Flügel-chen mit etwas weißer Glasur einpinseln. Damit die Glasur hierfür etwas dünnflüssiger und leicht verarbeitbar wird, einfach etwas Kokosfett in die erwärmte Glasur geben. Die Flügelchen sofort mit weißem Glitzerpul-ver bestäuben. Alternativ Puderzucker mit Zitronensaft zu einer dicken, glatten Masse mischen und damit die Flügelchen bepinseln.

Mit dem feinen Pinsel aus der hellblauen Glasur zwei Punkte für die Augen aufmalen. Mithilfe der Back-Pinzette zwei weiße Mini-Herzchen als Augäpfel darauf platzieren. Ein hellblaues Herz auf den Flügelchen sieht ebenfalls hübsch aus.

Wenn alles angetrocknet ist, mit dem feinen Pinsel aus der schwarzen Glasur einen Mund zeichnen und die Augen-Herzchen damit dunkel bemalen.
Zum Abschluss mit dem Finger oder Pinsel aus etwas pinkfarbener Glasur Bäckchen aufmalen.

tipp: isomalt-spiralen brechen leicht, daher immer mehr als benötigt fertigen, damit sie eine reserve haben.

teufelchen

material

- Cakepops-Kugeln (Grund-rezepte Seite 10–13)
- Lakritz-Schnecken
- Glasurlinsen: rot, schwarz (Mund und Augen)
- evtl. Lebensmittel-4er-Farbset, ölhaltig
- Streudekor: große rote Herzen
- Mini-Streudekor: gemischte Herzchen
- Lollipop-Sticks
- feiner Pinsel
- Back-Pinzette
- Styroporplatte oder Deko-Hilfe

vorbereitung

Lakritz-Schnecken der Fläche nach quer durchschneiden, sodass zwei dünne Schne-cken entstehen. Mit einer Schere aus der einen Scheibe die Teufelshörnchen aus-schneiden, die andere Scheibe für die langen Schnüre abwickeln. Da die Schnüre leicht brechen können, ist es besser, etwas mehr vorzubereiten, als benötigt wird.

dekoration

Rote Glasurlinsen wie auf Seite 14 beschrie-ben schmelzen. Bei Bedarf deren Farbton mithilfe des Lebensmittel-Farbsets noch intensivieren.

Die fertig vorbereiteten Cakepops-Kugeln aus dem Kühl- oder Gefrierschrank nehmen.

Den Lollipop-Stick in die Kuchenkugel ste-cken, nochmals entfernen und wie auf Seite 6 und 7 beschrieben in die Glasur tauchen. Zusammen mit der Lakritz-Schnur vorsich-tig in das vorbereitete Loch im Cakepop stecken.

Alles gut trocknen lassen und die Cakepops eventuell nochmals kurz in den Kühl- oder Gefrierschrank stellen.

Cakepops wie auf Seite 6 und 7 beschrie-ben vorsichtig in die rote Glasur tauchen und darauf achten, dass die Lakritz-Schnur nicht abbricht oder in die Glasur fällt.

Wenn die Glasur auf dem Cakepop nicht mehr allzu sehr tropft und fest zu werden beginnt, die Hörnchen oben am Kopf plat-zieren. Bei Bedarf nochmals leicht nachkor-rigieren und halten, bis die Glasur fester ist und die Hörnchen von alleine halten.

Mithilfe der Back-Pinzette zwei große Zuckerdekor-Herzen vorsichtig mit einer Seite in die rote Glasur tauchen und dann verkehrtherum als Augen auf den Cakepop kleben.

Schwarze Glasurlinsen wie auf Seite 14 beschrieben schmelzen. Mit dem Pinsel aus der schwarzen Glasur einen Mund auf-malen und die Augen auf dem roten Herz dunkel betonen. Dann die kleinen weißen Herzchen als Augäpfel aufsetzen.

Zum Schluss ganz vorsichtig die Lakritz-Schnur als Schwanz um den Cakepops-Stiel wickeln.

tipp: einen schönen effekt erzielen sie, wenn sie mit der orangefarbenen lebensmittelfarbe augenbrauen aufzeichnen.

spinnen

material
- Cakepops-Kugeln (Grund-rezepte Seite 10–13)
- Glasurlinsen: hellweiß, schwarz (Spinnennetz)
- Zuckerperlen: schwarz
- Isomaltsticks: transparent
- Lollipop-Sticks
- feiner Pinsel
- Back-Pinzette
- Schneebesen mit Alukugeln
- Styroporplatte oder Deko-Hilfe

dekoration
Weiße Glasurlinsen wie auf Seite 14 beschrieben schmelzen.
Die fertig vorbereiteten Cakepops-Kugeln aus dem Kühl- oder Gefrierschrank nehmen und wie in der Anleitung auf Seite 6 und 7 beschrieben auf einen Stick stecken und in die weiße Glasur tauchen.

Schwarze Glasurlinsen wie auf Seite 14 beschrieben schmelzen.
Auf die gut getrockneten Cakepops mit dem Pinsel aus der schwarzen Glasur ein Spinnennetz aufmalen. Mithilfe der Back-Pinzette eine schwarze Zuckerperle in die schwarze Glasur tauchen und als Spin-nenkopf auf das Spinnennetz kleben. Eine weitere Zuckerperle in die schwarze Glasur tauchen und als Körper direkt hinter die erste setzen. Um den Körper noch etwas zu vergrößern, vorsichtig mit einem feinen Pin-sel um den Körper etwas schwarze Glasur malen. Dann noch Füßchen an die Spinne zeichnen.

Einen tollen Effekt erzielen Sie, wenn die Cakepops in der Gruppe präsentiert und mit Isomalt-Spinnweben überzogen wer-den. Dann wird's wirklich grrruuuuselig!

spinnweben
2–3 Isomaltsticks in einem Topf auf dem Herd bei mittlerer Hitze langsam schmelzen lassen. Alternativ in einem mikrowellen-geeigneten, hitzebeständigen Gefäß für ca. 15 Sekunden bei ca. 90 Watt in der Mikrowelle.
Die flüssige Masse etwas abkühlen lassen, bis sie anfängt zähflüssig zu werden. Den Kugelschneebesen ca. 1–2 mm in die Masse tauchen und in weiten Bewegungen kreisförmig feine Zuckerfäden über die Cakepops ziehen. Sollte die Masse zu fest werden, einfach nochmals erwärmen.

Diese Technik erfordert etwas Übung und es ist ratsam, zuerst an einem anderen Objekt, als direkt über den fertigen Cakepops zu üben. Wenn man den Bogen raus hat, ist das eine effektvolle Deko-Möglichkeit, die richtig Spaß macht.

tipp: übrige isomaltmasse in einer schüssel mit deckel aufbewahren und bei bedarf wieder erwärmen.

babys

material
- Cakepops-Kugeln (Grund-rezepte Seite 10–13)
- Glasurlinsen: hellweiß, pink, hellgrün
- Dekogel: hellblau, schwarz
- Mini-Bonbons: Hundeknochen
- Zuckerherzchen: natural babygrün, natural babypink
- Zuckerperlen: weiß
- Zuckerkette
- Lollipop-Sticks
- feiner Pinsel
- Back-Pinzette
- Styroporplatte oder Deko-Hilfe

dekoration
Weiße Glasurlinsen wie auf Seite 14 beschrieben schmelzen.
Die fertig vorbereiteten Cakepops-Kugeln aus dem Kühl- oder Gefrierschrank nehmen und wie in der Anleitung auf Seite 6 und 7 beschrieben auf einen Stick stecken und in die weiße Glasur tauchen. Cakepops trocknen lassen.

Damit die rosa Glasur für die Mützchen nicht zu dunkel wird, einen Teil pinkfarbe-ne mit zwei Teilen hellweißer Glasurlinsen mischen und schmelzen. Separat die hell-grüne Glasur schmelzen.

Für rosa Babys den getrockneten Cakepop mit dem oberen Drittel in die rosa Glasur tauchen, grüne Babys in die hellgrüne Glasur. Die Glasur gut abtropfen lassen und um ein gleichmäßiges, rundes „Mützchen" zu erhalten, den Cakepop – während die Glasur fest wird – langsam um die eigene Achse drehen.

In die noch halbfeuchte Glasur der Mütz-chen jeweils einen weißen Minibonbon-Hundeknochen als Schleife vorsichtig auf-drücken. Bevor es an die Details geht, alle Cakepops bis zu diesem Schritt fertigen.

Zuckerkettchen aufmachen und die einzel-nen Bonbons flach auslegen. Mithilfe der Back-Pinzette eine weiße Zuckerperle bis zur Hälfte in die weiße Glasur tauchen und auf ein rosafarbenes oder hellgrünes Bonbon setzen, damit es wie ein Schnuller aussieht. Trocknen lassen. Diesen dann mit dem Boden in die weiße Glasur tauchen und auf der Babymund-Position platzieren.

Mithilfe der Back-Pinzette rosa und hell-grüne Herzchen mit der flachen Seite in die weiße Glasur tauchen und auf dem „Schleifchen" platzieren.

Mit dem hellblauen Dekogel Augen aufma-len und mit schwarzem Dekogel die Pupillen aufbringen.
Zum Schluss noch die Schleifen-Herzchen mit dem schwarzen Dekogel und der wei-ßen Glasur verschönern.

tipp: statt des dekogels können sie auch hellblaue und schwarze glasur mit einem feinen pinsel verwenden.

clowns

● ●

material

- Cakepops-Kugeln (Grund-rezepte Seite 10–13)
- Glasurlinsen: hellweiß, schwarz (Mund und Augen), rot
- bunte, dragierte Schokolinsen (Smarties, M & M's etc. für die Nase)
- Streudekor: buntes Konfetti
- Back-Oblaten, 44 mm Durchmesser
- Lollipop-Sticks
- feiner Pinsel
- Back-Pinzette
- Styroporplatte oder Deko-Hilfe

vorbereitung

Rote Glasurlinsen wie auf Seite 14 beschrie-ben schmelzen.

Aus Backoblaten den Clownmund aus-schneiden. Diesen in die rote Glasur tau-chen und zum Trocknen auf einen Teller legen. Wenn die Glasur ganz trocken ist (nach ca. 20 Minuten), von der Oblaten-rückseite vorsichtig die Glasur mithilfe eines Messers entfernen.

dekoration der clown-cakepops

Weiße Glasurlinsen wie auf Seite 14 be-schrieben schmelzen.

Die Hälfte der fertig vorbereiteten Cake-pops-Kugeln aus dem Kühl- oder Gefrier-schrank nehmen und wie in der Anleitung auf Seite 6 und 7 beschrieben auf einen Stick stecken und in die weiße Glasur tau-chen.

Wenn die Glasur auf dem Cakepop nicht mehr allzu sehr tropft und fest zu werden beginnt, vorne eine rote Schokolinse mittig als Nase platzieren und kurz antrocknen lassen.

Den roten Oblaten-Mund auf der Rückseite mit weißer Glasur bestreichen und vorsichtig auf die Position des Clownmunds legen.

Für die Haare mithilfe der Back-Pinzette rote Zuckerperlen in weiße Glasur tauchen und links und rechts oberhalb kreisförmig aufset-zen und bis zur Kreismitte füllen. Die Perlen kurz antrocknen lassen.

Weitere rote Zuckerperlen nun in die rote Glasur tauchen und auf den platzierten Zuckerperlen auftürmen. Zwischen jeder Lage kurz antrocknen lassen.

Schwarze Glasurlinsen wie auf Seite 14 be-schrieben schmelzen. Mit einem feinen Pinsel aus der schwarzen Glasur Kreuze als Augen und einen Strich als Mund aufmalen.

dekoration der konfetti-cakepops

Die andere Hälfte der vorbereiteten Cake-pops-Kugeln aus dem Kühl- oder Gefrier-schrank nehmen und wie in der Anleitung auf Seite 6 und 7 beschrieben auf einen Stick stecken und in die weiße Glasur tau-chen.

Wenn die Glasur auf dem Cakepop nicht mehr allzu sehr tropft und fest zu werden beginnt, das bunte Konfetti-Streudekor rundherum auf den Cakepop streuen. Die Cakepops trocknen lassen und mit den Clowns dekorieren.

● ●

tipp: vernaschen sie nicht alle übrigen schokodrops! die in orange sind z. b. für die strandbikini-cakepops verwendbar.

flatter-cakepops

material

- Cakepops-Kugeln (Grund-rezepte Seite 10–13)
- Back-Oblaten, 44 mm Durchmesser
- Glasurlinsen: rot, weiß, schwarz
- Zuckerdekor-Augen: Candy Eye-balls
- Glitzer-Flakes: weiß (Magic Sparcles)
- Glitzerzucker: rot
- essbares Ostergras: rosa
- Streudekor: buntes Konfetti
- Lollipop-Sticks
- feiner Pinsel, Back-Pinzette
- Styroporplatte oder Deko-Hilfe

vorbereitung

Aus den Backoblaten die Flügel schneiden und beim Entwurf der Form darauf achten, dass die Seite, die an den Cakepops befestigt wird, der Kugelform folgt. Den optimalen Flügel dann als Schablone für die weiteren Flügel verwenden.

Rote Glasurlinsen wie auf Seite 14 beschrieben schmelzen.
Vom Ostergras ca. 2 cm lange Stück abschneiden. Mithilfe einer Back-Pinzette einen roten Konfetti flach in die rote Glasur tauchen und auf das Ende des Grashalms legen. Dann den Grashalm mit Konfetti umdrehen und einen weiteren, vorher kurz in Glasur getauchten, darauflegen. Die Fühler beiseite legen und trocknen lassen.

dekoration

Die vorbereiteten Cakepops-Kugeln aus dem Kühl- oder Gefrierschrank nehmen und wie in der Anleitung auf Seite 6 und 7 beschrieben auf einen Stick stecken und in die rote Glasur tauchen.

Wenn die Glasur auf dem Cakepop nicht mehr allzu sehr tropft und fest zu werden beginnt, etwas roten Glitzerzucker auf-streuen und dann die beiden Oblaten-Flügel vorsichtig an den Seiten des Cake-pops befestigen. Nicht zu sehr drücken, da die Kuchenkugel sonst brechen kann. Bei Bedarf nochmals leicht nachkorrigieren und halten, bis die Glasur fester ist und die Flügelchen von alleine halten.

Diese Arbeitsschritte erfordern etwas Schnelligkeit. Danach die Cakepops beisei-te stellen und trocknen lassen.

Flügelchen von unten an der Einsteckkante noch mit etwas roter Glasur verstärken.

Weiße Glasurlinsen wie auf Seite 14 beschrie-ben schmelzen. Zuerst das eine, dann das andere Flügelchen mit weißer Glasur dünn bepinseln. Damit die Glasur hierfür etwas dünnflüssiger und leicht verarbeitbar wird, einfach etwas Kokosfett in die erwärmte Glasur geben. Die Flügelchen sofort mit weißen Magic Sparcles bestreuen. Alternativ Puderzucker mit Zitronensaft zu einer dicken, glatten Masse mischen und damit die Flügelchen bepinseln.

Mithilfe einer Back-Pinzette Zuckeraugen mit der flachen Seite in die rote Glasur tauchen und je zwei auf dem Cakepop platzieren. Oberhalb der Augen ganz vorsichtig mit der Spitze der Back-Pinzette zwei kleine Löcher in die Glasur bohren. Dann mithilfe der Pinzette die vorbereiteten Fühler jeweils in die Öffnungen schieben.

Schwarze Glasurlinsen wie auf Seite 14 be-schrieben schmelzen und mit feinem Pinsel aus der Glasur noch einen lachenden Mund aufmalen.

tipp: auch ohne fühler sehen diese flatter-cakepops richtig süß aus.

ballerina-cakepops

material
- Cakepops-Kugeln (Grund-rezepte Seite 10–13)
- Glasurlinsen: pink
- Glitzerzucker: rosa
- Zuckerdekor: Ballett-Spitzen-schühchen
- Mini-Pralinenförmchen: pink
- Zuckerkette
- Lollipop-Sticks
- feiner Pinsel
- Back-Pinzette
- Styroporplatte oder Deko-Hilfe
- weißer Tüllstoff

vorbereitung
Aus dem Tüll ca. 9 x 9 cm große Stücke schneiden für die Tütü-Röckchen der Cakepops.

Mit einer Back-Pinzette oder einem Zahn-stocher in die Mitte der Pralinenförmchen ein Loch stechen.

dekoration
Pinkfarbene Glasurlinsen wie auf Seite 14 beschrieben schmelzen.
Die vorbereiteten Cakepops-Kugeln aus dem Kühl- oder Gefrierschrank nehmen und wie in der Anleitung auf Seite 6 und 7 beschrieben auf einen Stick stecken und in die pinkfarbene Glasur tauchen.

Wenn die Glasur auf dem Cakepop nicht mehr allzu sehr tropft und fest zu werden beginnt, den pinkfarbenen Glitzerzucker aufstreuen und dann die Zuckerdekor-Ballettschühchen darauf platzieren. Dabei den Cakepop etwas nach hinten gekippt halten, bis die Ballettschühchen fest kleben und nicht mehr nach unten wegrutschen können.

Die Cakepops trocknen lassen.

Das Tüll-Quadrat mittig über das Pralinen-förmchen legen und mit dem Lollipop-Stick durch die vorgefertigte Öffnung im Förmchen 2–3 cm durchschieben. Nun am Stielende ein Loch in den Tüll schneiden und das Ganze bis nach oben zur Kuchenkugel schieben.

Ein Bonbon aus der Zuckerkette nehmen, das exakt und eng auf dem Stiel sitzt. Noch nach oben unter das „Röckchen" schieben, um es damit zu fixieren, und fertig ist der Ballerina-Cakepop.

tipp: diese cakepops machen nicht nur kleinen ballett-fans freude.

blaue haie

material

- Cakepops-Kugeln (Grund-
  rezepte Seite 10–13)
- Glasurlinsen: hellblau, dunkelblau
- Esspapier: hellblau
- Zuckerdekor-Augen:
  Candy Eyeballs
- Streudekor: weiße Herzchen
- Lollipop-Sticks
- feiner Pinsel, Back-Pinzette
- Styroporplatte oder Deko-Hilfe

vorbereitung

Aus dem Esspapier je eine passende
Rücken- und Schwanzflosse ausschneiden.
Mithilfe dieser Schablonen dann weitere
Flossen ausschneiden, etwas mehr als
benötigt (als Reserve, wenn welche kaputt
gehen).

Die vorbereiteten Cakepops-Kugeln aus
dem Kühl- oder Gefrierschrank nehmen
und wie in der Anleitung auf Seite 6 und 7
beschrieben auf einen Stick stecken. Mit
der Rückseite eines Löffels eine Kerbe in die
Cakepops-Kugel drücken. Bei Bedarf mit
den Fingern den Mund noch etwas nach-
formen.

Schwanz- und Rückenflosse positionieren
(siehe Abbildung Seite 9, unten). Flossen
wieder entfernen und kurze, abgebrochene
Zahnstocher als Platzhalter in die Schnitte
stecken, um nach dem Glasurbad die richtige Position der Flossen wiederzufinden.

Die Kugeln nochmals kurz in den Kühl- oder
Gefrierschrank stellen.

dekoration

Hellblaue und dunkelblaue Glasurlinsen wie
auf Seite 14 beschrieben jeweils separat
schmelzen.

Die vorbereiteten Cakepops aus dem Kühl-
oder Gefrierschrank nehmen und wie in der
Anleitung auf Seite 6 und 7 beschrieben in
die hellblaue Glasur tauchen.

Dann mit einem Löffel etwas dunkelblaue
Glasur auf die Kugelmitte oben tropfen und
die Kugel leicht nach hinten über ein Gefäß
kippen, damit die dunkelblaue Glasur nach
hinten ablaufen kann. Keinesfalls die Kugel
drehen, sonst wird der Hai marmoriert.

Etwas dunkle Glasur in die Mundhöhle
tropfen und mithilfe eines Zahnstochers
noch etwas verteilen.

Wenn die Glasur auf dem Cakepop nicht
mehr allzu sehr tropft und fest zu werden
beginnt, mit einer Pinzette die Zahnstocher
entfernen und an der Position die Flossen
hineinstecken.

Sobald der Cakepop etwas angetrocknet
ist, die Augen mithilfe einer Back-Pinzette
mit der flachen Seite in die Glasur tauchen
und über dem Mund festkleben.

Zum Schluss die Zähne durch weiße Herzen,
die mit der runden Seite oben und unten
in die Mundhöhle platziert werden, anbringen. Dann die Cakepops trocknen lassen.

tipp: für den weißen hai die hellblauen
glasurlinsen durch hellweiße ersetzen. nach
belieben mit schwarz kombinieren.

bunnys

material

- Cakepops-Kugeln (Grund-
  rezepte Seite 10–13)
- Glasurlinsen: Milchschokolade
- Dekoroblaten: rosa große Herzen,
- weiße kleine Herzen
- Zuckerdekor-Augen:
  Candy Eyeballs
- essbares Ostergras: pink
- Zuckerherzen-Streudekor:
  natural babypink
- Mimosas: weiß
- Glitzerpulver: comet white
- Lollipop-Sticks
- feiner Pinsel
- Back-Pinzette
- Styroporplatte oder Deko-Hilfe

vorbereitung

Aus den großen rosa Oblaten-Herzen ein
Ohr schneiden und dieses als Schablone
für die restlichen Ohren verwenden. Etwas
mehr Ohren als benötigt ausschneiden (in
Reserve, wenn welche kaputt gehen).

Aus Ostergras die Barthaare schneiden.

dekoration

Milchschokolade-Glasurlinsen wie auf Seite
14 beschrieben schmelzen.
Die vorbereiteten Cakepops-Kugeln aus
dem Kühl- oder Gefrierschrank nehmen
und wie in der Anleitung auf Seite 6 und 7
beschrieben auf einen Stick stecken und in
die Glasur tauchen.

Wenn die Glasur auf dem Cakepop nicht
mehr allzu sehr tropft und fest zu werden
beginnt, die vorbereiteten Ohren auf der
Oberseite platzieren. Bei Bedarf nochmals
leicht nachkorrigieren und halten, bis die
Glasur fester ist und die Ohren von alleine
halten.

Glitzerpulver oben aufstäuben und alles
trocknen lassen.

Wenn die Ohren fest sitzen, mit einem Pinsel
etwas Glasur in die Mitte der Nase tupfen,
wo die Barthaare platziert werden sollen.
Das zurechtgeschnittene Ostergras darauf
legen und nochmals etwas Glasur darüber
tupfen. Dann ein weißes Oblaten-Herz darauf legen und den Cakepop waagerecht
halten, bis alles angetrocknet ist.

Mithilfe einer Back-Pinzette die Augen mit
der flachen Seite in die Glasur tauchen und
auf dem Cakepop platzieren. Ebenso mit
den rosa Zuckerherzen verfahren, die als
Zähne dienen und knapp sichtbar unter der
Oblaten-Nase angebracht werden.

Wenn alles trocken ist, mithilfe eines feinen
Pinsels aus der Glasur die Innenfarbe der
Ohren und die Pünktchen auf die Hasen-
nase aufbringen.

Zum Schluss eine weiße Mimosa-Perle mithilfe einer Back-Pinzette in die Milchschokolade tauchen und dem Cakepop-Hasen
auf der Rückseite als Stummelschwanz an-
kleben.

tipp: für niedliche playboy-bunnys einfach pinkfarbene glasur verwenden.

sonnenblumen

material
- Cakepops-Kugeln (Grund-
  rezepte Seite 10–13)
- Glasurlinsen: gelb, dunkle
  Schokolade
- Glitzerpuder: Sternenstaub sunglow
- Dekor-Oblaten: Herzen
- Zuckerdekor-Augen:
  Candy Eyeballs
- Lollipop-Sticks
- feiner Pinsel
- Back-Pinzette
- Styroporplatte oder Deko-Hilfe

dekoration
Gelbe Glasurlinsen wie auf Seite 14
beschrieben schmelzen.
Die vorbereiteten Cakepops-Kugeln aus
dem Kühl- oder Gefrierschrank nehmen
und wie in der Anleitung auf Seite 6 und 7
beschrieben auf einen Stick stecken und in
die Glasur tauchen.

Wenn die Glasur auf dem Cakepop nicht
mehr allzu sehr tropft und fest zu werden
beginnt, die Oblaten-Herzchen rundherum
in den Cakepop stecken. Nicht zu sehr drücken, da die Kuchenkugel sonst brechen
kann. Bei Bedarf nochmals leicht nachkorrigieren und halten, bis die Glasur fester ist
und die „Blütenblätter" von alleine halten.
Auf der Rückseite zur Unterstützung mit dem
Pinsel noch etwas Glasur zwischen Cakepop
und Oblaten auftragen.

Wenn alles gut angetrocknet ist, einen kleinen Teil der Glasur mit etwas Kokosfett ver-
dünnen und das Glitzerpulver bereitstellen.
Die Oblaten-Herzchen mit der dünnen Glasur einpinseln, dann sofort mit dem Pinsel
in das Glitzerpulver tauchen und damit die
Blätter bemalen.

Alternativ Puderzucker mit Zitronensaft und
gelber Lebensmittelfarbe zu einer dicken,
glatten Masse mischen und wie zuvor
beschrieben weiter verfahren.

Mithilfe einer Back-Pinzette die Augen mit
der flachen Seite in die unverdünnte Glasur
tauchen und auf dem Cakepop platzieren.

Mit einem Pinsel aus der dunklen Schokoglasur einen großen lachenden Mund
aufmalen.

Um die Blütenblätter noch plastischer zu
gestalten, mit dem Pinsel vorsichtig an
manchen Stellen die Blätter etwas dunkler
schattieren.

Eine hübsche Ergänzung sind dazu Cakepops, die mit dunkelgrüner Glasur überzogen und mit niedlichen Zuckerdekor-Bien-
chen versehen werden.

tipp: die oblaten nicht zu feucht werden
lassen, sonst weichen sie durch, verlieren ihre
form und den halt auf dem cakepop.

oktoberfest-cakepops

material

- Cakepops-Backform: 4 Herzen
- hitzebeständige Lollipop-Sticks (für die Verwendung im Backofen geeignet)
- Glasurlinsen: dunkle Schokolade, hellweiß, dunkelgrün
- Streudekor-Herzen: rot
- Zuckerdekor-Blümchen: weiß / schwarz
- Dekorations-Stift (zum Aufziehen der Farbglasur)
- Back-Pinzette
- Styroporplatte oder Deko-Hilfe

rührteig für eine herzbackform

125 g	Butter
90 g	Zucker
2	Eier
1 Pr	Salz
75 g	Weizenmehl, Type 405
50 g	Speisestärke

Den Backofen auf 175°C (Ober- und Unter-hitze) vorheizen.

Butter mit dem Zucker rühren, bis eine weiß-schaumige Masse entsteht. Eier und Salz einrühren.

Mehl mit der Speisestärke mischen und durchgesiebt unter die Teigmasse rühren. Nach Geschmack dem Teig noch Lebku-chengewürz hinzufügen.

Der Teig sollte schwer vom Löffel fallen; bei Bedarf vorsichtig wenig Milch unterrühren.

Die Herz-Backform einfetten, am besten eignet sich Anti-Haft-Backspray. Teig einfül-len und die Spezial-Sticks platzieren (in der Form sind Aussparungen eingelassen, die für die Sticks bestimmt sind).

Backform auf der mittleren Schiene in den vorgeheizten Backofen einschieben und 25–30 Minuten backen.

Herzen etwas abkühlen lassen. Dann vor-sichtig aus der Backform lösen und auf ein Gitter oder einen Teller zum Auskühlen legen.

dekoration

Glasurlinsen wie auf Seite 14 beschrieben jeweils schmelzen, mit der dunklen Glasur beginnen.

Dunkle Glasur in den Dekorations-Stift füllen und die Linie des Herzes damit nachziehen. Mithilfe eines Teelöffels aus der dunklen Glasur dann dieses Herz ausfüllen. Antrock-nen lassen, bis die Glasur fest ist.

Nun die weiße Glasur schmelzen, den Dekorations-Stift reinigen und die weiße Glasur einfüllen. Eine helle Zick-Zack-Linie damit um die dunklen Herzen ziehen.

Mit Zuckerherzen und -blümchen dekorie-ren, die mithilfe einer Back-Pinzette mit der flachen Seite zuvor kurz in die dunkle Glasur getaucht wurden.

Dunkelgrüne Glasur schmelzen und klei-ne Blätter an die Blümchen zeichnen. Der Dekorations-Stift eignet sich auch, um auf den Herzen zu schreiben.

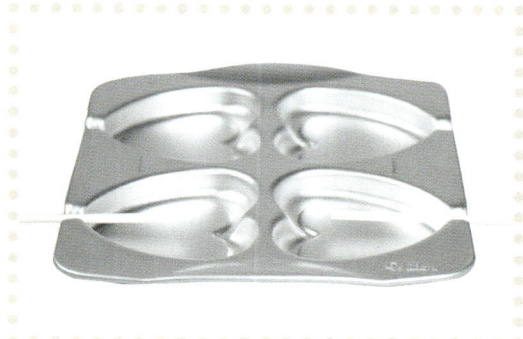

tipp für feste: jedes herz mit dem namen des gastes schmücken. schönere platzkärtchen gibt es nicht!

flower-power-cakepops

material

- Cakepops-Kugeln (Grund-rezepte Seite 10–13)
- Glasurlinsen: lila
- Zucker-Streudekor: bunte Herzchen, Peace-Zeichen
- Zuckerperlen: bunt
- Lollipop-Sticks
- Back-Pinzette
- Styroporplatte oder Deko-Hilfe

dekoration

Lila Glasurlinsen wie auf Seite 14 beschrieben schmelzen.
Die vorbereiteten Cakepops-Kugeln aus dem Kühl- oder Gefrierschrank nehmen und wie in der Anleitung auf Seite 6 und 7 beschrieben auf einen Stick stecken und in die Glasur tauchen.

Wenn die Glasur auf dem Cakepop nicht mehr allzu sehr tropft und fest zu werden beginnt, die Peace-Zeichen auf einem Teil der Cakepops verteilen.

Wenn alles etwas angetrocknet ist, beginnt die Feinarbeit: Mithilfe einer Back-Pinzette die Herzchen mit der flachen Seite in die Glasur tauchen. Auf die gewünschte Stelle am Cakepop auflegen und drei weitere, gleichfarbige Herzchen dazu zur Blüte anordnen.

Zum Schluss in der Blumenmitte eine bunte Zuckerperle, ebenfalls kurz in Glasur getaucht, anbringen.

Alle Kuchenkugeln kunterbunt im Flower-Power-Stil dekorieren und trocknen lassen.

strandbikini-cakepops

material
- Cakepops-Kugeln (Grund-rezepte Seite 10–13)
- bunte, dragierte Schokolinsen (Smarties, M & M's etc.)
- Glasurlinsen: pfirsich, lila, rot, Milch-schokolade (Bikini und Gesicht)
- kleine Nussgebäck-Kugeln
- Zuckerperlen
- Lollipop-Sticks
- feiner Pinsel
- Back-Pinzette
- Styroporplatte oder Deko-Hilfe

vorbereitung
Auf den fertig gerollten Kuchenkugeln je zwei, am besten orangefarbene Schoko-linsen auf Höhe der Brüste platzieren.

Die so vorbereiteten Kugeln ca. 15 Minuten ins Gefrierfach oder ca. 60 Minuten in den Kühlschrank stellen.

dekoration
Pfirischfarbene Glasurlinsen wie auf Seite 14 beschrieben schmelzen.
Die vorbereiteten Cakepops-Kugeln aus dem Kühl- oder Gefrierschrank nehmen und wie in der Anleitung auf Seite 6 und 7 beschrieben auf einen Stick stecken und in die Glasur tauchen. Darauf achten, dass auch die Schokolinsen gut damit überzo-gen sind.

Wenn die Glasur auf dem Cakepop nicht mehr allzu sehr tropft und fest zu werden beginnt, zwei Zuckerperlen als Brustwar-zen in die Mitte der Brüste setzen und eine Gebäckkugel als Kopf auf den Cakepop setzen.

Wenn alles leicht angetrocknet ist, die lila und roten Glasurlinsen separat schmelzen. Mit einem Pinsel lilafarbene und rote Bikinis aufzeichnen.

Dunkle Schokoglasur schmelzen und dunkle Linien zum Abschluss der bunten Flächen als Bikinträger und -bändchen
ziehen sowie ein Gesicht auf die Gebäcku-gel zeichnen.

Cakepops trocknen lassen und die Strand-party kann beginnen.

tipp: der kopf kann auch aus einer kleinen teigku-gel bestehen, die auf die große montiert und dann zusammen in die glasur getaucht wird.

tussis

material

- Cakepops-Kugeln (Grund-rezepte Seite 10–13)
- Glasurlinsen: pfirsich
- Zuckerdekor: rote Lippen, Augen (Candy Eyeballs)
- Zucker-Streudekor: rote Herzen
- Lakritz-Schnüre: rot
- Lollipop-Sticks
- Back-Pinzette
- Styroporplatte oder Deko-Hilfe

vorbereitung

Die roten Lakritz-Schnüre so zusammenkno-ten, dass lockige Haartoupets entstehen.

dekoration

Pfirsichfarbene Glasurlinsen wie auf Seite 14 beschrieben schmelzen.
Die vorbereiteten Cakepops-Kugeln aus dem Kühl- oder Gefrierschrank nehmen und wie in der Anleitung auf Seite 6 und 7 beschrieben auf einen Stick stecken und in die Glasur tauchen.

Wenn die Glasur auf dem Cakepop nicht mehr allzu sehr tropft und fest zu werden beginnt, die Lakritzhaare auf dem Cakepop platzieren, Lippen und Augen festkleben. Falls die Glasur auf dem Cakepop bereits zu fest ist, einfach mithilfe einer Back-Pinzette die Augen und Lippen mit der flachen Seite in die Glasur tauchen und an dem Cake-pop befestigen.

Zum Schluss noch ein rotes Zuckerherz als rotes Schleifchen in die Haare setzen.

dekorationszusatz, siehe seite 22

Die Tussis werden durch Wimpern, die mit schwarzer Glasur und einem feinen Pinsel aufgetragen werden, noch gestylter.

Ohrringe können aus Bonbons einer Zucker-kette und Zuckerperlen vorbereitet und dann seitlich am Cakepop platziert werden.

dr. sommer

material

- Cakepops-Kugeln (Grund-
  rezepte Seite 10–13)
- Fondant-Dekorplatten: weiß
- Glasurlinsen: hellweiß, rot
- Zuckerdekor-Augen:
  Candy Eyeballs
- Zuckerkette
- Lollipop-Sticks
- feiner Pinsel
- Back-Pinzette
- Styroporplatte oder Deko-Hilfe

vorbereitung

Aus den Fondantplatten breitere Streifen für
den Kopfverband des Patienten, schmale-
re für das Band der Arztlampe und dünne
Streifen für das Stethoskop schneiden.

Hellweiße Glasurlinsen wie auf Seite 14
beschrieben schmelzen.
Zwei bis drei dünnere Streifen für das Ste-
thoskop-Band mit der Glasur zusammen-
kleben und trocknen lassen. Die Enden von
2 Streifen mit einem weißen Bonbon aus
der Zuckerkette mithilfe von etwas Glasur
befestigen und zusammengeklebt trocknen
lassen. Dieses Dekoelement ist sehr fragil
und muss daher sehr vorsichtig in der Weiterverarbeitung behandelt werden.

dekoration

Die vorbereiteten Cakepops-Kugeln aus
dem Kühl- oder Gefrierschrank nehmen
und wie in der Anleitung auf Seite 6 und 7
beschrieben auf einen Stick stecken und in
die hellweiße Glasur tauchen.

patienten-cakepop

Wenn der Glasurüberzug auf dem Cakepop
getrocknet ist, die vorbereiteten Fondant-
streifen auf einer Seite dünn mit Glasur
bepinseln, um den Cakepop legen und
vorsichtig festdrücken.
Mithilfe der Back-Pinzette die Augen mit
der flachen Seite in die helle Glasur
tauchen und am Cakepop anbringen.

dr. sommer

Mithilfe der hellen Glasur zuerst das Fon-
dantband für die Arztlampe oben am
Cakepop anbringen, dann sehr vorsichtig
die beiden Stethoskop-Bänder in Höhe der
Ohren fixieren und mit Glasur verkleben.
Den Cakepop solange waagrecht legen,
bis alles angetrocknet ist und nichts nach
unten wegrutscht.
Ein Bonbon aus der Zuckerkette mithilfe von
Glasur vorne auf das Kopfband setzen, zwei
weitere Bonbons jeweils rechts und links als
Ohren anbringen.

Mithilfe der Back-Pinzette die Augen mit
der flachen Seite in die helle Glasur
tauchen und am Cakepop anbringen.

Rote Glasurlinsen wie auf Seite 14 beschrieben schmelzen. Mit dem Pinsel auf neu-
tralen Cakepops ein „Rotes Kreuz" aufmalen und dem Patientenverband einen
Farbklecks verpassen.

tipp: lachen ist gesund! mit dem witzigen
geschenk wird ihr nächster krankenbesuch ein
echter erfolg mit genesungsgarantie.

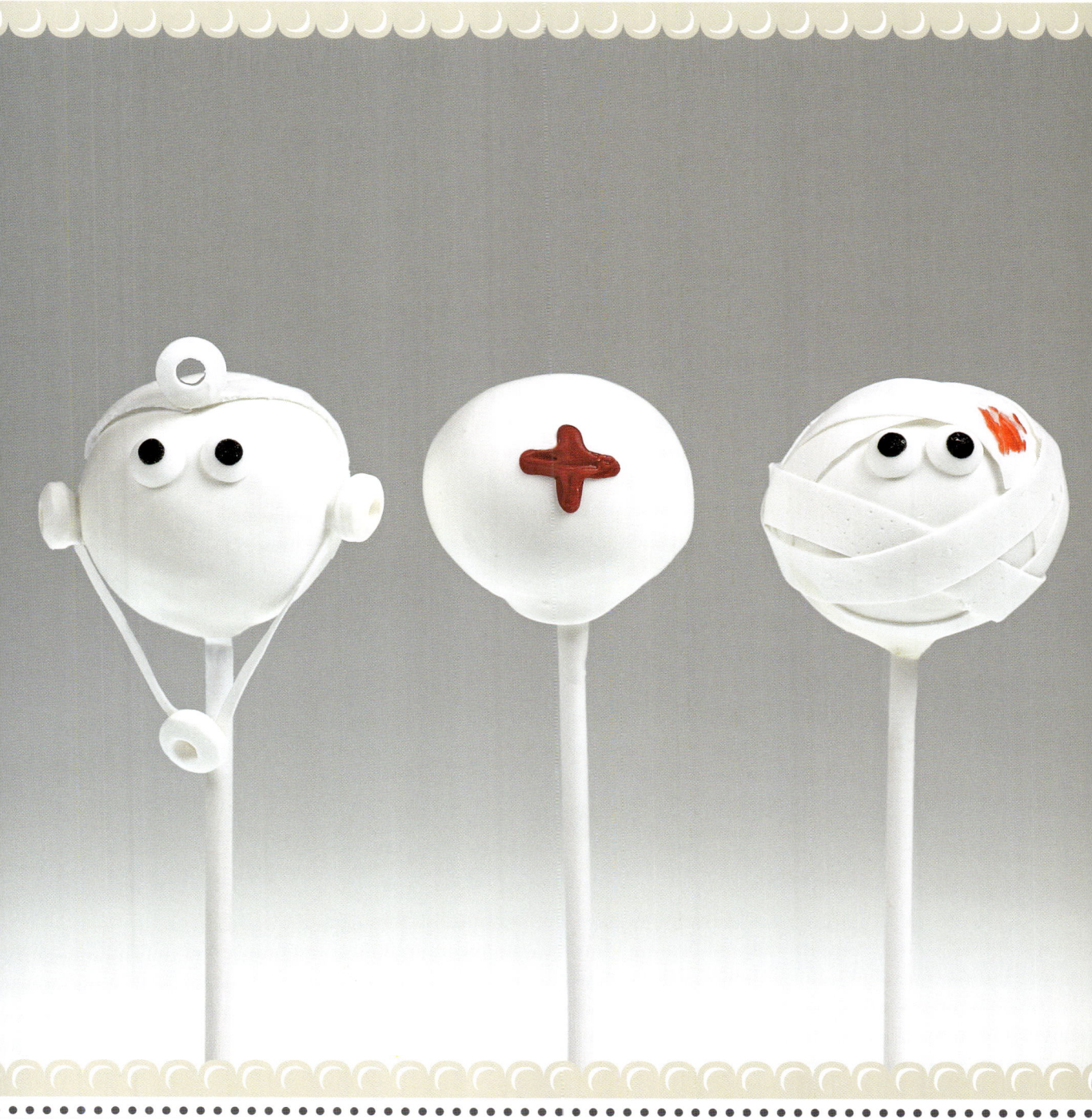

cakepops-
präsentationen

... die 7 cakeballs-zwerge

material
- Cakepops-Kugeln (Grund-rezepte Seite 10–13)
- Glasurlinsen: pink
- Mini-Streudekor: gemischte Herzchen
- Pralinenförmchen aus Papier
- kleine Joghurt- oder Quark-becherchen, gespült
- eine kleine Überraschung zum Verstecken im Becher

dekoration
Pinkfarbene Glasurlinsen wie auf Seite 14 beschrieben schmelzen.
Die vorbereiteten Cakepops-Kugeln aus dem Kühl- oder Gefrierschrank nehmen und wie in der Anleitung auf Seite 6 und 7 beschrieben auf einen Stick stecken und in die Glasur tauchen. Der Stiel dient hier lediglich als Arbeitsmittel und wird später wieder entfernt.

Wenn die Glasur auf dem Cakepop nicht mehr allzu sehr tropft und fest zu werden beginnt, die kleinen Herzchen ringsherum auf der Kuchenkugel verteilen, auch an der Unterseite. Cakepops zum Trocknen auf die Seite stellen.

Papierförmchen in der Mitte etwas zusammenraffen und auf den Becher legen. Fertig verzierte Kuchenkugeln vorsichtig vom Stiel abziehen und auf dem Papierförmchen im Becher platzieren.

überraschung
Um die Stabilität der Kuchenkugel im Behälter zu sichern, unter der Kugel darin eine kleine Überraschung verstecken oder mit Süßigkeiten auffüllen. Für Kindergeburtstagsparties ein echter Hit!

tipp: die hier als arbeitshilfe verwendeten lollipop-sticks mit warmem wasser säubern und dann zur weiteren verwendung aufheben.

urlaubs-cakepops

material

- Cakepops-Kugeln (Grund-rezepte Seite 10–13)
- Glasurlinsen: pink, pfirsich, rot, orange
- Zahnstocher
- bunte Strohhalme
- buntes Geschenkpapier
- Zuckerkette
- Mini-Marshmallows
- Styroporplatte oder Deko-Hilfe

vorbereitung

Jeder Cakepop bekommt ein Sonnen-schirmchen: Ca. 9 x 9 cm große Stücke aus dem Papier schneiden. Diese Quadrate von einer Ecke bis zur Mitte des Quadrats einschneiden. Die Papierflächen so überei-nander legen, dass ein Schirmchen ent-steht und mit Tesafilm oder etwas Klebstoff fixieren. Schirmchen auf einen Zahnstocher spießen und von unten sowie von oben jeweils mit einem Mini-Marshmallow fixieren (als Alternative halbe Gummibärchen oder ähnliches verwenden).
Oben mit einem Bonbon aus der Zucker-kette abschließen und die Papierenden rund abschneiden.

Strohhalme kürzen, damit Sie optisch zu den Cakepops passen.

dekoration

Pfirsich- und pinkfarbene Glasurlinsen wie auf Seite 14 beschrieben separat schmelzen.
Die vorbereiteten Cakepops-Kugeln aus dem Kühl- oder Gefrierschrank nehmen und wie in der Anleitung auf Seite 6 und 7 beschrieben auf einen Stick stecken und jeweils die Hälfte in die eine Glasur und die andere Hälfte in die andere Glasur tauchen.

Orangefarbene und rote Glasur separat schmelzen.
Für die Marmorierung auf die noch feuchte Grundglasur mit einem Löffel orangefarbe-ne Glasur auf die pfirsichfarbenen Kugeln und rote Glasur auf die pinkfarbenen Kugeln tropfen. Kugeln langsam über einem Gefäß drehen, damit die Glasur abtropfen kann und eine Marmorierung entsteht.

Wenn die Glasur auf dem Cakepop nicht mehr allzu sehr tropft und fest zu werden beginnt, das Ganze zum Trocknen beiseite-stellen.

Noch bevor die Glasur ganz fest ist, Stroh-halm und Schirmchen auf dem Cakepop platzieren.

tipp: alternativ fertige cocktail-schirm-chen verwenden.

cakeballs: ei, ei, ei

material
- Cakepops-Kugeln (Grund-
  rezepte Seite 10–13)
- Vanille-Frosting (Seite 13) oder
- Eierlikör-Frosting
  (nur für Erwachsene)
- gelbe Lebensmittelfarbe
- Glasurlinsen: Butterscotch
- Kaffeelöffel oder Pariser Messer
- (Melonenausstecher)
- große Pralinengabel oder
  2 normale Gabeln
- Eierbecher

vorbereitung
Vanille-Frosting oder Eierlikör-Frosting wie
auf Seite 12 und 13 beschrieben herstellen.
Mit gelber Lebensmittelfarbe einfärben.

dekoration
Die vorbereiteten Cakepops-Kugeln aus
dem Kühl- oder Gefrierschrank nehmen.
Das obere Drittel der Kugeln als Deckel
abschneiden.

bild 1
Die Kugel mit einem Pariser Messer oder
Stiel eines Kaffeelöffels aushöhlen. Den
Deckel ebenfalls etwas aushöhlen, jedoch
nicht zu tief, da sonst die Kugel auseinan-
derbricht.

bild 2
Das vorbereitete Frosting in die Aushöhlun-
gen füllen.

bild 3
Die Kugeln wieder zusammenmontieren
und die Schnitte vorsichtig mit dem Finger
verstreichen.

bild 4
Die Kugeln für zehn Minuten in den Gefrierschrank stellen.

Butterscotch-Aromaglasurlinsen wie auf
Seite 14 beschrieben schmelzen.
Mithilfe einer Pralinengabel die Kuchenkugel in die Glasur tauchen. Alternativ zwei
Gabeln verwenden, deren Zähne ineinander verschränkt sind und auf denen dann
der Cakeball liegt.

Cakeballs kurz abtropfen und antrocknen
lassen. Auf Teller zum Trocknen legen.
Wenn die Glasur fest ist, das Cakeball-Ei stil-
gerecht in einem Eierbecher präsentieren
und „köpfen".

1

2

3

4

tipp: ausgehöhlte cakeballs-masse zu
einer neuen kugel rollen und weiter
verwenden.

asia-cakepops

material

- Cakepops-Kugeln (Grund-rezepte Seite 10–13)
- Brause-Ufos
- Glasurlinsen: hellweiß, schwarz (Augen)
- Ess-Stäbchen oder Lollipop-Sticks
- Styroporplatte oder Deko-Hilfe

vorbereitung

Für die asiatische Kopfbedeckung Brause-Ufos vorsichtig in der Mitte an der Klebe-fläche teilen. Die Brausefüllung anderweitig verwenden oder gleich vernaschen.

dekoration

Hellweiße Glasurlinsen wie auf Seite 14 beschrieben schmelzen.
Die vorbereiteten Cakepops-Kugeln aus dem Kühl- oder Gefrierschrank nehmen und wie in der Anleitung auf Seite 6 und 7 beschrieben auf ein Ess-Stäbchen oder einen Stick stecken und in die Glasur tauchen.

Wenn die Glasur auf dem Cakepop nicht mehr allzu sehr tropft und fest zu werden beginnt, die „Hütchen" oben auf dem Cakepop platzieren.

Wenn die Glasur getrocknet ist, die schwarzen Glasurlinsen schmelzen und mit einem Pinsel die Augen auftragen.

tipp: eine gelungene dessert-über-raschung nach einem asiatischen menü.

sterntaler-cakeballs

material

- Cakepops-Kugeln (Grund-rezepte Seite 10–13)
- Glasurlinsen: schwarz
- Glitzerpulver: Sternenstaub silber
- essbare Glitzersternchen: silber

dekoration

Dunkle Glasurlinsen wie auf Seite 14 beschrieben schmelzen.
Die vorbereiteten Cakepops-Kugeln aus dem Kühl- oder Gefrierschrank nehmen.

und wie in der Anleitung auf Seite 6 und 7 beschrieben auf einen Stick stecken und in die Glasur tauchen.
Sofort mit Glitzerpulver bestäuben und leicht antrocknen lassen.
Kugeln wieder vorsichtig von den Sticks ziehen und als Glitzerkugel z. B. in einem schönen Porzellan-Eierbecher präsentieren und als Arrangement auf einen Dessert-teller stellen. Abschließend noch mit silber-nen, essbaren Glitzersternchen bestreuen.

tipp: auch in der goldversion sehen diese cakeballs edel aus. dafür glitzerstaub in gold und essbare goldsterne verwenden.

machen sie mal blau

material
- Cakepops-Kugeln (Grund-
  rezepte Seite 10–13)
- Lollipop-Sticks
- Glasurlinsen: dunkelblau
- Mimosas: weiß
- Pralinen-Förmchen: blau gepunktet
- Zuckerkette

dekoration
Dunkelblaue Glasurlinsen wie auf
Seite 14 beschrieben schmelzen.
Die vorbereiteten Cakepops-
Kugeln aus dem Kühl- oder Gefrier-
schrank nehmen und wie in der
Anleitung auf Seite 6 und 7 beschrie-
ben auf einen Stick stecken und in
die Glasur tauchen.
Die Mimosa direkt darauf platzieren, solan-
ge die Glasur noch nicht fest ist.
Wenn alles getrocknet ist, in die Mitte der
Papierförmchen ein kleine Öffnung stechen
und den Stiel durchschieben.

tipp: das Förmchen lässt sich am besten durch ein
eng sitzendes bonbon einer zuckerkette auf dem
lollipop-stick fixieren.

bunte cakepops-tüten

material

- Cakepops-Kugeln (Grund-rezepte Seite 10–13)
- Glasurlinsen: pink, hellblau, lila, dunkelgrün, orange, rot, gelb
- Zuckerstreusel: Mini-Kügelchen, weiß
- Lollipop-Sticks
- kleine Klarsicht-Tütchen (PE-Flach-beutel oder Cellophantütchen)
- Geschenkband
- Styroporplatte oder Deko-Hilfe

dekoration

Glasurlinsen wie auf Seite 14 beschrieben separat schmelzen.
Die vorbereiteten Cakepops-Kugeln aus dem Kühl- oder Gefrierschrank nehmen und wie in der Anleitung auf Seite 6 und 7 beschrieben auf einen Stick stecken und jeweils in unterschiedliche Glasur tauchen.

Wenn die Glasur auf dem Cakepop nicht mehr allzu sehr tropft und fest zu werden beginnt, sofort die weißen Kügelchen rund-herum aufstreuen. Cakepops zum Trocknen beiseite stellen.

Sobald die Glasur fest und völlig trocken ist, die bunten Cakepops in die Tütchen ver-packen und mit Geschenkband – eventuell farblich abgestimmt – verschließen.

tipp: spezielle cakepops-poly-tüten sind ohne bodennaht und daher am besten geeignet.

cakeballs-sixpack

material

- Cakepops-Kugeln (Grund-
  rezepte Seite 10–13)
- Glasurlinsen: dunkle Schokolade
- Zuckerdekor: bunte kleine
  Herzchen
- Pralinen-Förmchen: grün gepunktet
- essbares grünes Ostergras
- große Pralinengabel oder
  2 normale Gabeln
- Back-Pinzette
- 6er-Eierkartons, neutral

vorbereitung

Am besten sind neutrale Eierkartons, die es
oft auf dem Wochenmarkt gibt.
Die Kartons nun nach Belieben bekleben,
beschriften oder anderweitig kreativ verschönern.
Essbares Ostergras und Backförmchen in
die Vertiefungen im Eierkarton dekorieren.

dekoration

Dunkle Glasurlinsen wie auf Seite 14
beschrieben schmelzen.
Die vorbereiteten Kugeln aus dem Kühl-
oder Gefrierschrank nehmen. Mithilfe einer
großen Pralinengabel in die Schokoglasur
tauchen, kurz abtropfen lassen und etwas
trocknen lassen.
Alternativ zwei Gabeln verwenden, deren
Zähne ineinander verschränkt sind und auf
denen dann der Cakeball liegt.

Cakeballs auf Teller legen und fertig trocknen lassen.

Mithilfe einer Back-Pinzette die Zuckerherzchen mit der flachen Seite in die Glasur
tauchen und mittig oben auf den Cakeballs
platzieren.

Die vollständig getrockneten Kugeln in
die vorbereiteten Förmchen im Eierkarton
setzen.

tipp: mit dem essbaren ostergras kleine
osternester dekorieren, die dann kom-
plett vernascht werden können.

rosen-cakepops

material

- Cakepops-Kugeln (Grund-rezepte Seite 10–13)
- Glasurlinsen: rot, lila, hellblau, hellweiß, pink
- kleine Zuckerdekor-Rosen: rot, lila, hellblau, weiß, pink
- Lollipop-Sticks: pastell
- Styroporplatte oder Deko-Hilfe
- essbares Ostergras: rosa
- kleine Ton-Übertöpfchen
- Styroporplatte oder Deko-Hilfe

vorbereitung

Von der Styroporplatte für jedes Übertöpfchen ein Stück abbrechen und hineinklemmen. Es dient später dazu, dass die Cakepops gut halten.

Die Zuckerdekor-Rosen sind eigentlich für den Einsatz auf Torten gedacht und müssen daher mit einem Messer unten etwa auf die halbe Höhe gekürzt werden (abschaben oder vorsichtig abbrechen).

dekoration

Glasurlinsen wie auf Seite 14 beschrieben pro Farbe separat schmelzen.
Die vorbereiteten Cakepops-Kugeln aus dem Kühl- oder Gefrierschrank nehmen und wie in der Anleitung auf Seite 6 und 7 beschrieben auf einen Stick stecken und in die jeweilige Glasur tauchen.

Wenn die Glasur auf dem Cakepop nicht mehr allzu sehr tropft und fest zu werden beginnt, ein vorbereitetes, farblich passendes Röschen auf der Kugelmitte platzieren.

Sobald die Rosen-Cakepops getrocknet sind, in das Übertöpfchen „topfen" und den Stick in das Styroporstück stecken.
Das Ganze noch mit essbarem rosa Ostergras ausschmücken.

Die Rosentöpfchen sehen auch einfarbig hübsch aus, dann z. B. mit verschiedenfarbigem essbarem Ostergras dekorieren.

tipp: zusammen mit namensschildchen sind die rosen-cakepops auch tolle platz-karten.

festliche
cakepops

hochzeits-cakepops

material
- Cakepops-Kugeln (Grund-rezepte Seite 10–13)
- Glasurlinsen: hellweiß, schwarz
- Zuckerperlen: weiß, schwarz
- kleine Zuckerdekor-Rosen: weiß
- Fondant-Dekorblätter: weiß
- kleine Zuckerdekor-Herzchen: weiß
- kleine runde, dunkle Schokokekse (z. B. Mini-Oreos)
- große Pralinengabel oder 2 normale Gabeln
- Lollipop-Sticks
- feiner Pinsel
- Back-Pinzette
- Styroporplatte oder Deko-Hilfe

vorbereitung
Bräutigam: Bei der Herstellung der Cake-pops-Kugeln (Beschreibung Seite 8) auch kleinere Kugeln fertigen, sodass ihre Form dem Oberteil eines Huts entspricht. Kugeln in den Kühl- oder Gefrierschrank stellen.

Für den Hut gefüllte Mini-Schokokekse teilen, die Füllung entfernen und gleich vernaschen.

Braut: Die Zuckerdekor-Rosen sind eigentlich für den Einsatz auf Torten gedacht und müssen daher mit einem Messer unten etwa auf die halbe Höhe gekürzt werden (abschaben oder vorsichtig abbrechen).

Aus dem Fondant ein Quadrat, je nach Größe der Kuchenkugel, ausschneiden. Es dient später als Schleier.

dekoration
Schwarze Glasurlinsen wie auf Seite 14 beschrieben schmelzen.
Die vorbereiteten Hut-Kuchenkugeln aus dem Kühl- oder Gefrierschrank nehmen.

Mithilfe einer Pralinengabel in die Glasur tauchen, kurz abtropfen und trocknen lassen. Dann auf den vorbereiteten Keks legen und mit einem Pinsel die Glasur zwischen Keks und Kugel verstreichen, eventuell noch etwas Glasur zusätzlich verstreichen, damit der Übergang gut aussieht.
Alternativ zwei Gabeln verwenden, deren Zähne ineinander verschränkt sind und auf denen dann die Hut-Kugel liegt.

Weiße Glasurlinsen wie auf Seite 14 beschrieben schmelzen.
Die vorbereiteten Cakepops-Kugeln aus dem Kühl- oder Gefrierschrank nehmen und wie in der Anleitung auf Seite 6 und 7 beschrieben auf einen Stick stecken und für den Bräutigam in die schwarze Glasur, für die Braut in die weiße Glasur tauchen.

Wenn die Glasur auf dem Cakepop nicht mehr allzu sehr tropft und fest zu werden beginnt, den Bräutigam-Hut auf dem schwarzen und die weiße Rose auf dem weißen Cakepop platzieren. Alles gut trocknen lassen.

Mithilfe einer Back-Pinzette die weißen Zuckerperlen in die weiße Glasur tauchen und zur Kette auf der „Braut" aufreihen. Die schwarzen Zuckerperlen in die schwarze Glasur tauchen und als Knöpfe auf dem „Bräutigam" platzieren. Zwei weiße Zucker-herzchen, die mit der flachen Seite in die weiße Glasur getaucht werden, als Fliege auf den schwarzen Cakepop setzen und als „Knoten" mit einer weißen, mit weißer Glasur versehenen Zuckerperle abschließen.

Zuletzt an der „Braut" vorsichtig den Fondant-Schleier anbringen und mit etwas weißer Glasur fixieren. Eventuell zur Stabilität noch weitere Zuckerperlen anbringen.

brautstrauß

material

- Cakepops-Kugeln (Grund-rezepte Seite 10–13)
- Glasurlinsen: hellweiß
- Streusel-Kügelchen: weiß
- Kokosflocken
- Glitzer Flakes: weiß (Magic Sparcles)
- Zuckerdekor: Tauben, kleine Blümchen in weiß mit schwarzer Mitte
- Zuckerperlen: weiß
- Lollipop-Sticks
- Tüllstoff: weiß
- Styroporplatte oder Deko-Hilfe

vorbereitung

Alles Dekorationszubehör griffbereit in kleinen Schüsselchen bereitstellen.

dekoration

Helle Glasurlinsen wie auf Seite 14 beschrieben schmelzen.

Die vorbereiteten Cakepops-Kugeln aus dem Kühl- oder Gefrierschrank nehmen und wie in der Anleitung auf Seite 6 und 7 beschrieben auf einen Stick stecken und in die Glasur tauchen.

Wenn die Glasur auf dem Cakepop nicht mehr allzu sehr tropft und fest zu werden beginnt, direkt mit Glitzer-Flakes, Streusel-Kügelchen oder Kokosflocken bestreuen. Bei diesen kleinen Deko-Materialien ist Schnelligkeit gefordert, damit alles um die ganze Kugel verteilt werden kann. Ist die Glasur erst einmal fest, bleiben diese kleinteiligen Accessoires nicht mehr darauf haften.

Zuckerdekor wie Tauben oder Blümchen mithilfe einer Back-Pinzette auflegen, bei Bedarf deren flache Seite nochmals kurz in die Glasur tauchen, dann gut antrocknen lassen.

Zum Schluss das Cakepop-Ensemble noch in ein große Stück weißen Tüll einhüllen und ein wunderschöner Brautstrauß ist fertig.

tipp: die weißen cakepops sehen auch als hochzeits-tischdekoration toll aus, die zu später stunde direkt vernascht werden kann.

valentins-cakepops

material

- Cakepops-Masse (Grund-rezepte Seite 10–13)
- Ausstecher in Herzform
- Glasurlinsen: Milchschokolade
- Puderzucker
- Zitronensaft
- Zuckerdekor-Herzen: pink
- Oblaten-Herzen
- Glitzer-Flakes: rot (Magic Sparcles)
- Zuckerkette
- Lollipop-Sticks
- Pinsel, Größe 0
- Back-Pinzette
- Styroporplatte oder Deko-Hilfe

vorbereitung

Aus Puderzucker und etwas Zitronensaft eine dicke, glatte Masse rühren, die als Klebstoff für die Glitzer-Flakes dient. Die Zuckerdekor-Herzen mit der Masse be-pinseln und die Magic Sparcles darüber-streuen.

Die Cakepops-Masse zu einem Block for-men, der die Höhe und Breite der Herzaus-stecherform hat. Nun jeweils Herzen ausste-chen und für ca. 15 Minuten ins Gefrierfach oder für ca. 60 Minuten in den Kühlschrank stellen.

dekoration

Schoko-Glasurlinsen wie auf Seite 14 beschrieben schmelzen.
Die vorbereiteten Cakepops-Herzen aus dem Kühl- oder Gefrierschrank neh-men. Zuerst den Lollipop-Stick in die Glasur tauchen, dann in die Unterseite des Kuchen-Herzes schieben und kurz antrocknen lassen.

Dann den Herz-Cakepop wie in der Anlei-tung auf Seite 6 und 7 beschrieben in die Glasur tauchen, durch leichtes Drehen und Klopfen abtropfen lassen.

Wenn die Glasur auf dem Cakepop nicht mehr allzu sehr tropft und fest zu werden beginnt, das vorbereitet Glitzerherz darauf platzieren.

Pro Cakepop werden zwei Oblaten-Herzen benötigt. Dazu eines der beiden Herzen etwas kleiner schneiden. Mit einer scharfen Messerspitze ein kleines Loch in die Mitte der beiden Oblaten stechen und einen Lollipop-Stick ohne Cakepop durchstecken und wieder vom Stick entfernen.

Das kleinere der beiden Herzen mit wenig Puderzucker-Klebemasse bepinseln (nur sehr sparsam auftragen, die Oblate darf nicht durchnässen). Mit den roten Glitzer-Flakes bestreuen und zum Trocknen beiseite stellen.

Wenn alles gut angetrocknet ist, zuerst das Glitzerherz, dann die größere Herz-oblate von unten auf den Stick schieben. Mit einem eng sitzenden Bonbon aus der Zuckerkette von unten fixieren.

---

tipp: die idee lässt sich auch mit anderen aus-stechern ausführen. dann die unterlage aus ess-papier oder großen oblaten ausschneiden.

weihnachts-cakepops

material

- Cakepops-Masse (Grund-rezepte Seite 10–13)
- Glasurlinsen: dunkelgrün
- Zuckerperlen: weiß
- Zuckerherzen: weiß
- Glitzerpulver: Sternenstaub silber
- essbare Glitzersterne: silber
- Lollipop-Sticks
- Ausstecherförmchen: Tannenbaum
- Back-Pinzette
- Styroporplatte oder Deko-Hilfe

vorbereitung

Die Cakepops-Masse zu einem Block for-men, der die Höhe und Breite der Tannen-baumausstecher hat.
Nun jeweils Bäumchen ausstechen und für ca. 15 Minuten ins Gefrierfach oder für ca. 60 Minuten in den Kühlschrank stellen.

dekoration

Dunkelgrüne Glasurlinsen wie auf Seite 14 beschrieben schmelzen.
Die vorbereiteten Cakepops-Bäumchen aus dem Kühl- oder Gefrierschrank neh-men. Zuerst den Lollipop-Stick in die Glasur tauchen, dann von unten in das Bäumchen schieben und kurz antrocknen lassen.
Dann den ganzen Cakepop wie in der Anleitung auf Seite 6 und 7 beschrieben in die Glasur tauchen, durch leichtes Drehen und Klopfen abtropfen lassen.

Mithilfe eines Löffels etwas Glasur für die querverlaufende Linienstruktur über das Bäumchen streifen. Sofort mit Silberpulver bestäuben und mit essbaren silbernen Glit-zersternchen bestreuen.

Für den Weihnachtsschmuck weiße Zucker-perlen mithilfe der Back-Pinzette mit einer Seite in die Glasur tauchen und auf dem Baum platzieren. Als Baumspitze ein weißes Zuckerherz verwenden.
Oder die Bäumchen wie auf Seite 72 mit bunten „Christbaumkugeln" dekorieren und auf Glitzerpulver und -sternchen verzichten.

tipp: eine abwechslungsreiche idee statt der üblichen plätzchen.

silvester-cakepops

material

- Cakepops-Masse (Grund-rezepte Seite 10–13)
- Glasurlinsen: pink
- Glitzer-Flakes: rosa (Magic Sparcles)
- Mini-Streudekor: gemischte Herzchen
- Lollipop-Sticks
- Austecherförmchen: Schwein
- Back-Pinzette
- Styroporplatte oder Deko-Hilfe

vorbereitung

Die Cakepops-Masse zu einem Block for-men, der die Höhe und Breite der Schwein-chenausstecher hat.
Nun jeweils Schweinchen ausstechen und für ca.15 Minuten ins Gefrierfach oder für ca. 60 Minuten in den Kühlschrank stellen.

dekoration

Pinkfarbene Glasurlinsen wie auf Seite 14 beschrieben schmelzen.
Die vorbereiteten Cakepops-Schweinchen aus dem Kühl- oder Gefrierschrank neh-men. Zuerst den Lollipop-Stick in die Glasur tauchen, dann von unten in das Schwein-chen schieben und kurz antrocknen lassen. Dann den ganzen Cakepop wie in der Anleitung auf Seite 6 und 7 beschrieben in die Glasur tauchen, durch leichtes Drehen und Klopfen abtropfen lassen.

Solange die Glasur noch feucht ist, mit den Glitzer-Flakes bestreuen. Die Cakepops antrocknen lassen.

Mithilfe einer Back-Pinzette kleine weiße Herzchen mit etwas Glasur bepinseln und als Auge am Kopf des Glitzer-Glücks-Schweinchens platzieren.

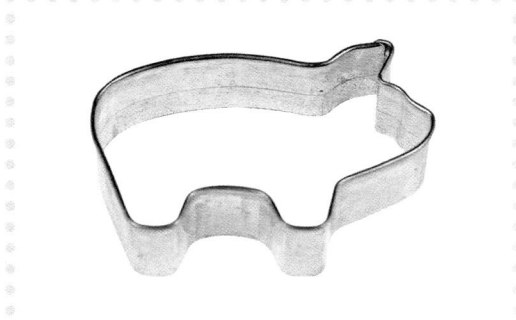

tipp: ein süßer glücksbringer fürs neue jahr.

Happy New Year

cakepops
ab 18

tiramisù-cakepops

material
- Cakepops-Kugeln (Grund-rezepte Seite 10–13)
- Glasurlinsen: hellweiß
- Lollipop-Sticks
- Kakaopulver
- kleines Sieb
- Styroporplatte oder Deko-Hilfe

dekoration
Helle Glasurlinsen wie auf Seite 14 beschrieben schmelzen.
Die vorbereiteten Cakepops-Kugeln aus dem Kühl- oder Gefrierschrank nehmen und wie in der Anleitung auf Seite 6 und 7 beschrieben auf einen Stick stecken und halb in die Glasur tauchen.

Cakepops waagrecht halten und leicht drehen, damit die Glasur nicht weiter nach unten läuft. Cakepops mit etwas Kakaopulver überstäuben.

Kaffeepause mal anders: Die Cakepops zum Kaffee, Espresso oder Cappuccino servieren.

tipp: die kugeln können auch ganz mit glasur überzogen und z. b. mit einer schokolierten kaffeebohne dekoriert werden.

Tiramisù
heißt wörtlich aus dem Italienischen
übersetzt „zieh' mich hoch" und
ist ein weit über seinen Entstehungsort
hinaus bekanntes Dessert
aus Venetien.
Sein leckerer Geschmack
wurde hier
auf die Cakepops übertragen.

Einfach köstlich!

amaretti-cakepops

material
- Cakepops-Kugeln (Grund-rezepte Seite 10–13)
- Glasurlinsen: Peanut Butter, dunkle Schokolade
- Amarettikekse, zerbröselt
- Mandeln, gehackt
- Candymelt-Chrunchies: gemälzte Milch
- Lollipop-Sticks
- Styroporplatte oder Deko-Hilfe
- Geschenkband: braun

dekorationen
Glasurlinsen wie auf Seite 14 beschrieben separat schmelzen.
Die vorbereiteten Cakepops-Kugeln aus dem Kühl- oder Gefrierschrank nehmen und wie in der Anleitung auf Seite 6 und 7 beschrieben auf einen Stick stecken und entweder in die Schokoladen- oder Peanut-Butter-Glasur tauchen.

Die Glasur durch leichtes Drehen und Klopfen abtropfen lassen. Solange sie noch feucht ist, mit den verschiedenen Toppings (Kekse, Mandeln oder Candymelt) bestreuen. Ist die Glasur bereits zu fest, halten sie nicht mehr.

Wenn die Cakepops gut getrocknet sind, mit braunen Geschenkbänder-Schleifen verschönern.

tipp: besonders gut schmecken die mandeln, wenn sie in einer pfanne ohne fett leicht angeröstet werden.

rumkugeln

material
- Cakepops-Kugeln (Grund-
rezepte Seite 10–11, Frosting-
rezept für Erwachsenen mit Rum
von Seite 13)
- Glasurlinsen: dunkle Schokolade
- Mini-Kokospralinen
- Lollipop-Sticks

dekoration
Dunkle Glasurlinsen wie auf Seite 14
beschrieben schmelzen.
Die vorbereiteten Cakepops-Kugeln aus
dem Kühl- oder Gefrierschrank nehmen
und wie in der Anleitung auf Seite 6 und 7
beschrieben auf einen Stick stecken und
in die Glasur tauchen.

Wenn die Glasur auf dem Cakepop nicht
mehr allzu sehr tropft und fest zu werden
beginnt, eine aufgeschnittene Kokospraline
darauf platzieren.

Sobald die Cakepops gut angetrocknet
sind, mithilfe eines Teelöffels und etwas
dunkler Schokoglasur die Praline verzieren.

variationen
Durch eine andere Alkohol- und Aromen-
kombination im Frosting lässt sich eine
Vielzahl von verschiedenen Cakepos mit
Schuss mixen.

- Caipirinha-Cakepops

- Piña-Colada-Cakepops

- Strawberry-Colada-Cakepops

- Baileys-Cakepops

tipp: laden sie doch mal zu einer cake-
pops-cocktail-party ein.

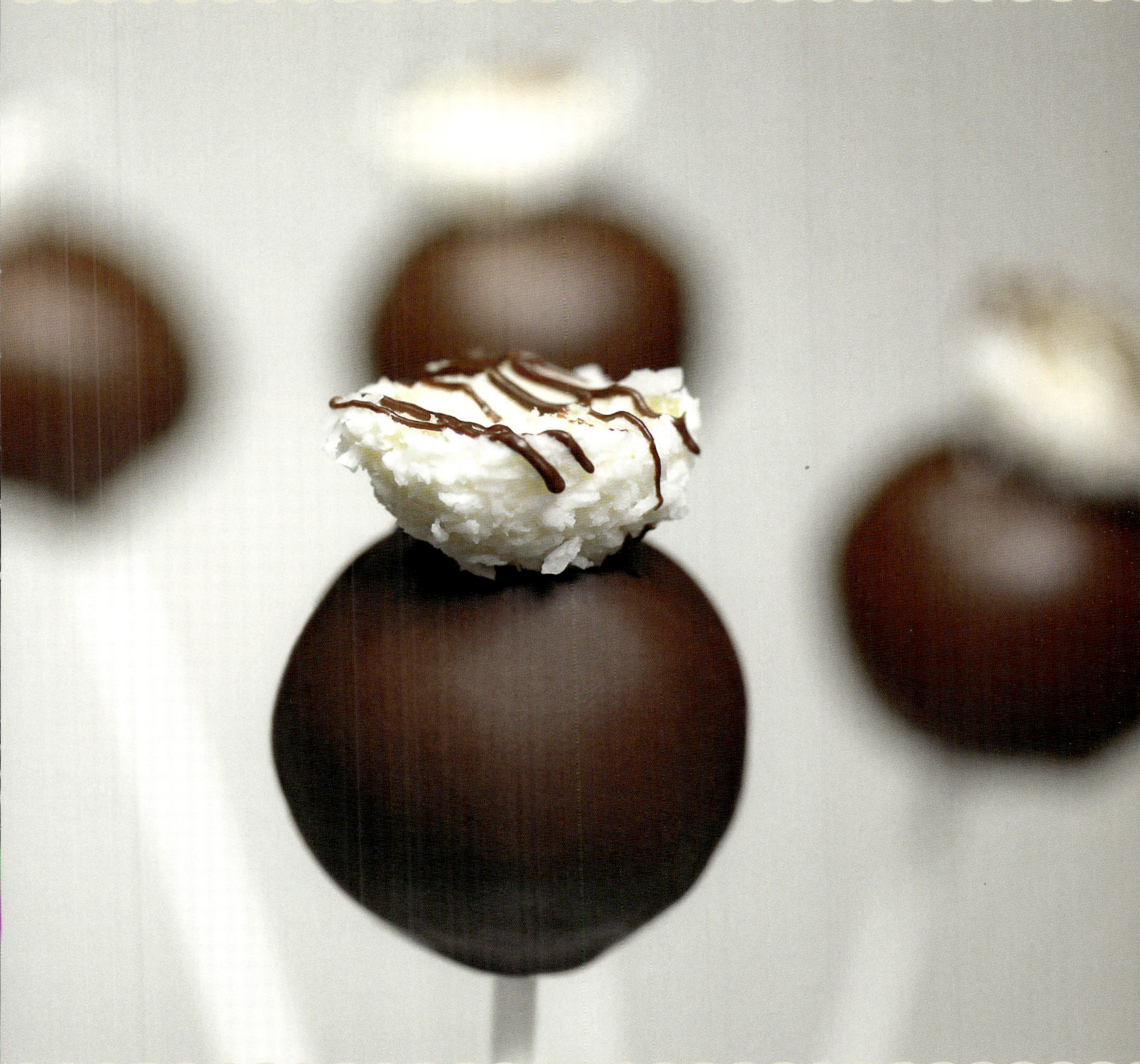

nach 8

material

- Cakepops-Kugeln (Grund-
  rezepte Seite 10–13, aber mit
  grün eingefärbtem Frosting,
  für das grüne oder blau und gelb
  gemischte Lebensmittelfarbe verwendet werden kann
- Glasurlinsen: white mint, dark mint
- frische Minze, z.B. kräftige
  Spearmint-Minze
- Lollipop-Sticks
- Styroporplatte oder Deko-Hilfe

dekoration

Aroma-Glasurlinsen wie auf Seite 14
beschrieben separat schmelzen.
Die vorbereiteten Cakepops-Kugeln aus
dem Kühl- oder Gefrierschrank nehmen
und wie in der Anleitung auf Seite 6 und 7
beschrieben auf einen Stick stecken und in
die weiße Glasur tauchen.

Für die Marmorierung auf die noch feuchte
weiße Glasur mit einem Löffel dunkle Glasur
auftropfen. Kugeln langsam über einem
Gefäß drehen, damit die Glasur abtropfen
kann und die Marmorierung entsteht.

Zum Servieren die Minz-Cakepops mit
einem frischen Minzeblatt garnieren.

tipp: minz-cakepops mit weißer oder dunkler
minzglasur grundieren und mit dunkelgrüner
glasur marmorieren.

erste hilfe für cakepop-notfälle

der rührkuchen ist zu weich und lässt sich nicht gut zerbröseln

Der Kuchen ist noch zu warm und zu frisch. Es ist ratsam, den Kuchen einen Tag vorher zu backen und ruhen zu lassen. Dann ist er besser zu verarbeiten. Wer ganz schnell und spontan Lust hat, Cakepops zu machen, weicht einfach auf fertige Rühr- oder Sandkuchen aus.

die cakepops-masse ist zu weich

Den Kuchenkrümeln wird das Frosting hinzugefügt, damit es zu einer geschmeidigen Masse wird, die dann zu Kugeln geformt werden kann. Die Angaben in den Rezepten sind zwar alle aufeinander abgestimmt, dennoch gibt es verschiedene Faktoren wie die Beschaffenheit der Zutaten (Größe der Eier, Alter des Mehls), Backofen-Temperaturen etc., die das Resultat beeinflussen können.

Daher ist es sinnvoll, den Kuchenkrümeln das Frostig nach und nach zuzugeben. Eine zu weiche Cakepop-Masse kann nur durch weitere Kuchenkrümel gerettet werden.

es lassen sich keine kugeln formen, die kugel hat risse und bricht

Die Masse ist zu trocken. Noch weiteres Frosting untermengen und eventuell kurz kühl stellen.

beim tauchen der cakepops in die glasur fällt die kuchenkugel ab oder bricht

Das kann verschiedene Ursachen haben: Wichtig ist, dass der Cakepop vor dem Tauchen die richtige Temperatur hat. Die erreicht er, wenn die Kugeln ca. 15 Minuten im Gefrierfach oder 30 Minuten im Kühlschrank gekühlt wurden.

Damit die Kuchenkugel fest auf dem Stiel sitzt, diesen immer zuerst in die Glasur tauchen und dann in den Cakepop stecken. Einige Minuten abwarten, bis die Glasur angezogen hat und der Stiel so fest mit der Kuchenkugel verbunden ist.

Je nach Farbe ist die Beschaffenheit der Glasurlinsen ganz unterschiedlich und das Problem taucht auch auf, wenn die Glasur zu dickflüssig ist.

Die beste Konsistenz wird mit Kokosfett (weich oder flüssig) erreicht, das der Glasur hinzugefügt wird. Auch hier gilt: langsam und in kleinen Mengen dosiert das Kokosfett zu den warmen Glasurlinsen geben, gut durchrühren und die Konsistenz prüfen. Sie ist dann richtig, wenn die Glasur gleichmäßig vom Löffel abläuft.

die glasur flockt aus und wird hart

Dann ist versehentlich Wasser in die Glasur gelangt. Da diese auf Ölbasis beruht, ist Wasser absolut tabu. Daher besonders vor-

behälter die überflüssige Glasur ablaufen lassen, die Kugel dabei langsam drehen. So wird das Ergebnis optimal, gleichmäßig und rund.

die glasur bricht und bildet risse
Dann war die Kugel beim Glasieren noch zu kalt. Die Kugel war innen eventuell leicht gefroren und hat sich dann beim Auftauen bzw. Erwärmen ausgeweitet und bricht somit den Glasurauftrag.

streusel, deko-material und accessoires halten nicht auf dem cakepop
Hier bewährt sich das Mise-en-Place, das auch die Profiköche beherzigen: Am Anfang immer alles griffbereit zurechtlegen und vorher genau überlegen, wie das Ganze aussehen soll.
Einige kleinteilige Deko-Materialien müssen sofort, auf die noch feuchte, aber nicht mehr tropfende Glasur aufgebracht werden, z.B. winzige Zuckerstreusel oder Glitzerflocken. Sobald die Glasur zu fest ist, wird der Auftrag schwierig bzw. unmöglich und sieht auch nicht mehr so hübsch aus.

adressen, die weiterhelfen
Hilfeseite auf www.cake-pops.de.

Eine Liste mit Bezugsquellen können Sie kostenlos über den Leserservice des Verlags anfordern: Walter Hädecke Verlag, Postfach 1203, D-71256 Weil der Stadt, Fax + 49 (0) 70 33 · 13 80 8 13, E-Mail info@haedecke-verlag.de.

sichtig vorgehen, wenn die Glasur im Wasserbad auf der Herdplatte geschmolzen wird. Da passiert es leicht, dass ein Spritzer Wasser über den Rand schwappt. Hier sind spezielle doppelwandige Wasserbadtöpfe ein gutes Hilfsmittel.
Der Fehler taucht aber auch auf, wenn die Glasur zu stark erhitzt wurde. Daher ist das sanfte Erwärmen im Wasserbad optimal. Die Mikrowelle auf ca. 90 Watt einstellen, beginnend bei 2 Minuten. Dann die Glasur überprüfen, durchrühren und den Vorgang wiederholen, bis die Linsen vollständig geschmolzen sind.

die glasur ist auf einer seite dicker und nicht gleichmäßig verteilt
Den Cakepop beim Eintauchen in die Glasur leicht drehen, bis er bis zum Stielansatz völlig damit überzogen ist. Dann durch sehr weiches und leichtes Klopfen am Tauch-

noch mehr cakepops von sandra müller

Der neue Trend heißt „Push-up-Cake-pop": Gut verpackt, frisch und fruchtig eignen sie sich hervorragend für Feste, Mottopartys oder Kindergeburtstage. Und die neuen kleinen „Cakedrops" sind tolle Geschenke, für alle, die gern naschen!

Push-up-Cakepops
Mit neuen Ideen für Pops & Drops

von Sandra Müller
96 Seiten, 82 Farbfotos
ISBN 978-3-7750-0642-2

Für alle Cakepops-Fans hat Sandra Müller in ihrem zweiten Buch neue Ideen gesammelt: Bei diesen „Törtchen to go" werden die süßen oder salzigen Zutaten einfach in eine Kunststoff-Form geschichtet. Der Inhalt wird dann mit Hilfe eines Stiels nach oben geschoben und kann genüsslich aufgegessen werden. Die trendigen neuen Formen eignen sich auch hervorragend für Eiscremekreationen und sind perfekt für Feste im Freien, da sie durch einen Deckel geschützt werden.

Außerdem werden neue Cakepops und die neu entwickelten Cakedrops vor-gestellt. Diese „Kuchenbonbons" sind liebevoll verziert, teilweise gefüllt und wer-den mit Bonbonpapier umhüllt. Das macht die Mini-Kuchenkugeln, die sich mit nur einem Biss vernaschen lassen, zu idealen Mitbringseln!

Weitere Informationen über Bücher für Genießer erhalten Sie kostenlos beim Walter Hädecke Verlag · Postfach 1203 · 71256 Weil der Stadt · Fax +49(0) 70 33 / 138 08 13 · E-Mail info@haedecke-verlag.de

Neue Rezeptideen und weitere Infos rund um unser Buchprogramm finden Sie außerdem unter www.haedecke-verlag.de und www.mizzis-kuechenblock.de!